JN199992

ラーメン店の魅せる技術

1章 魅せる味づくり
スープ、かえし、香味油の技術

2章 魅せる麺
自家製麺の技術と、仕入れ麺

◎デザイン　　　　　　大庭早奈恵、細田あきね、宮崎南帆、原口徹也（弾デザイン事務所）
◎アートディレクション　澁澤弾（弾デザイン事務所）
◎撮影　　　　　　　　伊藤高明、高見尊裕（麺や 福はら、唯一無二のらぁ麺専門店 イ袋ワシづかみ、麺屋棣鄂）
　　　　　　　　　　　佐藤アキラ（NOUILLES JAPONAISE とくいち）
◎取材・執筆　　　　　佐々木正孝
◎編集　　　　　　　　池本恵子（柴田書店）

◎カバー撮影協力　　　らーめん かねかつ、拉麺酒房 熊人（裏表紙）
◎カバー撮影　　　　　伊藤高明

気鋭の
10店に学ぶ
味づくりと
スタイル

らーめん かねかつ

（埼玉・北浦和）

NOUILLES JAPONAISE
とくいち

（北海道・札幌）

拉麺酒房 熊人

（長野・上田）

らーめん 飛粋

（東京・蒲田）

唯一無二のらぁ麺専門店
イ袋ワシづかみ
（大阪・四天王寺）

ラーメン健やか
（東京・三鷹）

茅堂寺
～いどうじ～
（茨城・つくば）

麺や 福はら
（大阪・新今里）

和渦製麺
（東京・蒲田）

あいだや
（東京・御徒町）

本書掲載の内容について

◎本書掲載の商品は2024年に取材・撮影したものです。現在では名称や価格、内容が変わっていたり、提供されていない場合があります。

◎商品のつくり方・材料・分量などは取材当時のものです。また、材料の分量や調理温度・時間などはあくまでも目安です。調理の環境に合わせて適宜調節ください。

◎材料（生醤油、生揚げ醤油）や調理用語（たれ、かえし）などの名称は、取材店の呼称・表記に準じています。

◎小麦粉は小麦の品種名、銘柄名、製粉会社などを可能な範囲で記載しています。

◎店舗データ（所在地や電話番号、営業時間、定休日）は2025年1月末現在のものです。

魅せる味づくり

スープ、かえし、香味油の技術

らーめん かねかつ　｜　らーめん　｜　1100円

ホロホロ鳥とイベリコ豚の淡麗スープが
しなやかな手打ち麺の魅力を引き立てる

　毎朝、「かねかつ」店主の大友勝さんは小野式製麺機で丹念に麺を打つ。ぷるぷると口の中で踊る「まるで生きているような手打ち麺」を引き立てるのは、醤油が香り立つ淡麗スープ。高級食材として知られるホロホロ鳥とイベリコ豚に、鶏ガラや昆布を加えて寸胴で炊き込み、重層的なうまみを引き出した。本枯かつお節や鶏節を少量加えることで甘みと奥行きを出し、さらに鶏挽き肉でスープを澄ませている。かえしには、福島県喜多方市の若喜商店から取り寄せた、木桶醸造の2年熟成醤油を使用。火入れしてから3日ねかせ、かどが取れた深みのある味わいをめざした。「食味のアクセントは部位ごとに仕立てを変えた肉で感じてもらい、食べるリズムを変えたくない」との考えから、トッピングはスープのベースでもあるホロホロ鳥とイベリコ豚がメイン。味つけ卵やメンマは使っていない。麺線は必要以上に整えず、すすりやすいように自然にスープに泳がせ、ランダムな手打ち麺のテクスチャーを生かしている。

店主　**大友 勝**さん

▌商品仕上げ

01　02　03
04　05　06

店舗DATA
埼玉県さいたま市浦和区北浦和3-1-6
https://x.com/yourmonky/

営業時間
6:00〜7:30
10:00〜15:00
（食材がなくなり次第終了）
定休日：日祝

はじめに肉を焼く。麺はちぢれが出るように、軽くもんでからテボざるでゆでる。ゆでる時間は3分間。時間の経過を視覚的に把握するため、デジタル式タイマーではなく砂時計を採用。丼に、かえし、香味油を入れ、肉をカットして準備する。麺がゆで上がったら重力を利用して自然に湯きりし、麺を回すように振って水分をとばし、最後にざるについた余分な水を落とす。丼は白磁の砥部焼を採用。麺線はすすりやすいようにほぐし、麺のウェーブを生かして流れるようにスープに泳がせる。麺線の整えには必要以上に時間を割かない。

「らーめん」の構成

スープ	250ml
かえし	27ml
香味油	15ml
麺（自家製）	170g
トッピング	イベリコ豚肩ロース、ホロホロ鳥ムネ肉、〃 モモ肉、ネギ、三つ葉、黒コショウ

スープ

定番の「鶏＋豚」をグレードアップし、ホロホロ鳥とイベリコ豚で芳醇なスープに

材料（分量非公開）

昆布（羅臼産）
ホロホロ鳥のガラ
　　〃　　手羽先
　　〃　　鶏皮
イベリコ豚肩ロース
（切り落とし）
さば節
かつお節
（本枯れ節・厚削り）
鶏節
鶏挽き肉
リンゴ
水

1　材料を寸胴に入れて火にかける

昆布は前日からパイウォーターに浸けて水出ししておく。寸胴に網カゴをかませて昆布と水、ホロホロ鳥のガラを合わせて中火にかける。ホロホロ鳥とイベリコ豚は、具材であると同時に、だし材料としても活用。ホロホロ鳥は、手羽先と皮はスープ用に、ムネ肉とササミ、モモ肉は具材用に切り分ける。イベリコ豚の肩ロースは、具材用にトリミングした切り落としをスープに使う。これらは順次、寸胴に投入していく。

> **ポイント**
> - ホロホロ鳥は岩手県の生産者から仕入れる。肉のうまみは鶏と鴨の中間で、後口としてのコクも出る。ホロホロ鳥の脂は一般的な鶏油よりも粘度が低く良質。
> - ホロホロ鳥のみだとスープがきれいになりすぎるため、コクとうまみを重ねるためにイベリコ豚を加える。
> - 鳥と豚のスープに、昆布を加えて重層的なうまみをねらう。「ふわっとやわらかいタッチ」の羅臼昆布を使用している。

2 昆布を上げ、鶏油をすくい、残りの材料を引き上げる

目安とする温度に上がりきってから30分後に、1/4にカットしたリンゴを入れる。沸いてきたら昆布を引き上げ、中火に落とす。途中、イベリコ豚やホロホロ鳥から脂が出るのですくい取り、ペーパーで漉して提供用の香味油として使う。加熱から3時間後、脂を取り終えたら鶏ガラ、豚素材などを網カゴごと引き上げる。

ポイント

・リンゴでフルーティな香りと甘みを加える。また、リンゴ酸によって油の酸化を抑える効果もある。

3 鶏挽き肉を加える

アク引きはせず、代わりにスープを澄ませるため鶏挽き肉を使う。前日にとった香味油の容器に下に分離した液体を、鶏挽き肉に注ぎ入れてよくなじませ、寸胴に投入する。沸騰するまでは強火で絶えず混ぜ続け、沸いたら混ぜるのを止める。しばらくすると挽き肉が固まって浮いてくる。

ポイント

・全工程中で基本的にアク取りはせず、うまみとして寸胴に残すという考え。

・鶏挽き肉を加えることで、鶏のうまみを足しつつ、スープの不純物のアクを吸着し、澄んだ清湯スープとなる。フレンチのクラリフィエ、中国料理でいう掃湯という技法。

4 　節類の素材を加える

寸胴が沸き立ったら、さば節、かつお節、鶏節(とりぶし)を加える。弱火にして40〜50分間加熱する。

> **ポイント**
>
> ・魚介素材に加えて鶏節も入れている。少量であっても甘み、うまみをスープ全体にもたらす効果がある。

5 　炊き上がり。漉して冷やす

節類素材を入れてから40〜50分後に火からおろし、シノワで漉して挽き肉などの大きな固形物を取り除く。さらにペーパーで漉して容器に小分けにし、氷水に当てて一気に冷やす。冷蔵庫で保存し、提供時は小鍋で加熱してスープとする。

かえし | 喜多方産・木桶熟成の醤油をベースに 低温火入れ後、3日ねかせて完成

福島県喜多方市の若喜商店から取り寄せた木桶醸造2年熟成醤油が味のベース。醤油、みりん、酢を入れて火入れしたら、3日ほどねかせて味のかどが取れてから使う。「個性的な麺に負けないかえし」という考えで、芳醇な香りとうまみを最大限に引き出す。日本そばのかえしの手法を参考に、熟成期間をとって奥深い味わいをめざす。週に1〜2回のペースで仕込んでいる。

香味油 | ホロホロ鳥×イベリコ豚の芳醇な香り。 スープの上澄み脂で味の一体感をつくる

スープづくりの途中ですくいとったイベリコ豚とホロホロ鳥の脂を香味油(鶏油)として使う。ペーパーで漉して冷蔵庫で保存し、その日に使う分を溶かして用いる。

NOUILLES JAPONAISE とくいち | 特上らぁ麺 塩 | 1500円

魅せる！ポイント

▶ シェフが挑む「ガストロノミックラーメン」
▶ エアー（泡）や麺線などビジュアルも追求
▶ 店主、著名シェフ、老舗製麺所の3者で共創

フレンチの技法と北海道の恵みを融合。
珠玉のコンソメスープで新境地を切り拓く

　ミシュラン一つ星を獲得した「Le Musée」の石井誠シェフが監修し、フランス料理の技法を取り入れた「ガストロノミックラーメン」を提供する「NOUILLES JAPONAISE とくいち」。店主の磯部拓也さんは、イタリアンで培った経験をもとに、北海道の豊かな食材を活かした一杯を創り上げた。スープは中札内鶏や小樽地鶏のリッチなベースに、豚足のゼラチン質や野菜のうまみをバランスよく調和させたもの。火加減と温度を細やかに調整しつつ、フレンチの技法「クラリフィエ」を用いて卵白と挽き肉でスープを澄ませ、鶏肉のうまみをクリアに引き出す。これが、磯部さんが「飲むお肉」と表するコンソメスープだ。「特上らぁ麺塩」のかえしには、ミネラル感と甘み、塩味のバランスが絶妙な北海道熊石町産の塩を使用。道産の素材とシイタケを合わせ、スープに奥行きをもたらしている。昆布のうまみと香りをまとった「エアー（泡）」と、キノコをブレンドしたパウダーは味変をもたらすパーツとして機能しつつ、ビジュアルのインパクトも抜群だ。

オーナーシェフ　**磯部拓也**さん

▌商品仕上げ

01 / 02 / 03 / 04 / 05 / 06

　まずテボざるを使って麺を下ゆでする。これは麺の表面に付着した打ち粉のデンプンを落とすことが目的だ。次に、大鍋で麺を泳がせるようにしてゆでる。たっぷりのお湯を使って麺の中心部まで熱を通すのがねらい。ざるでしっかりと湯切りして麺の形を整える。盛り付ける際には、事前に66℃のお湯に丼をつけて温めておく。創業前からトライアルをくり返して見つけ出した、手で持てる限界の温度だ。この器に鶏油、コンソメを注いで麺を盛り、トッピングと最後にエアー（泡）を乗せ、きのこパウダーを振って完成。

店舗DATA
北海道札幌市中央区北11条西22-1-26
卸売センター 万歳市場 1F
電話　011-699-6707
https://www.instagram.com/tokuichi.
nouilles_japonaise/

営業時間
9:00〜15:00
定休日：不定休（SNSで告知）

「特上らぁ麺 塩」の構成

コンソメ	300ml
塩かえし	30ml（コンソメに含む）
鶏油	36ml
麺	120g
トッピング	スモーク豚チャーシュー、鶏の炭火焼き、味玉、穂先メンマ、ネギ、昆布と白醤油のエアー（泡）、自家製きのこパウダー

コンソメ
（らぁ麺 塩用）

鶏と豚足をベースに、フレンチ技法を駆使した白金色のコンソメスープ

材料（鶏スープ）

中札内の鶏（ガラ）	10kg
小樽地鶏（丸鶏）	3kg
豚足	4kg
トマト	0.5kg
長ネギ	0.5kg
塩	40g
水	40リットル

（仕上がり約26リットル）

材料（コンソメ）

上記の鶏のスープ	26リットル
鶏挽き肉	6kg
卵白	1kg
タマネギ	0.5kg
ハーブ（ローズマリー、タイム）	適量

1 コンソメのベース（鶏スープ）を炊く

01　02　03

寸胴に鶏ガラと丸鶏、トマト、長ネギを入れ、水を張って強火にかける。鶏は下処理せずに凍った状態から炊きはじめる。沸騰したら火を弱め、沸き立たない程度の火加減で6時間加熱する。約6時間後、木ベラで鶏ガラなどをくずして火からおろす。粗熱をとってから冷蔵庫で一晩冷やす。

ポイント

・コンソメでは基本的にアクを取らないが、鶏のスープの段階ではしっかりとアクを引く。

・うまみを出しやすくする効果をねらい、材料の投入時に塩を加える。

2 翌日、鶏挽き肉とスープをなじませる

01　02　03

翌日、スープ表面の脂を取り除く。別の寸胴に鶏挽き肉と卵白を合わせ、前日の鶏スープを少しずつ足してのばし、手でかき混ぜてなじませる。鶏スープを全量混ぜ合わせたら、薄切りのタマネギを加えて強火にかける。

ポイント

・タマネギは、鶏だけでは出せない香りや甘みを足す目的で使う。味を出すために薄切りにする。

・鶏スープは挽き肉に少しずつ加えて徐々になじませていく。全量を一度に加えるとなじみきらず、清澄の効果が下がる。

3 温度をゆっくり上げ、クラリフィエして澄ませる

加熱後、70℃になるまで静かに混ぜ続け、80℃で撹拌を止める。そのまま沸騰直前まで炊き続ける。沸騰直前に挽き肉が固まって浮いてくるので、弱火に落とす。浮いてきた肉の中央に穴をあけ、そこにハーブを入れ、弱火のまま30分ほど炊く。

4 漉して仕上げ。味つけして冷凍

ハーブを入れて30分後に火からおろし、シノワで漉す。再度、強火にかけて塩のかえしとスープをなじませる。火からおろし、流水に当てて冷えたら冷凍庫で保存。この段階で完全に味を決めた塩加減とし、翌日に解凍して提供用スープにする。

鴨のだし
（ジュ・ド・カナール）

生&ローストした鴨と昆布を合わせ、うまみと香ばしさの厚みを出す

材料

合鴨ガラ（冷凍）── 10羽分
根昆布 ──────── 250g
水 ────────── 20リットル
（仕上がり約14リットル）

1 昆布だしをとる

根昆布は水とともに寸胴に入れ、前日から7〜8時間かけて水出ししておく。翌日、温度を見ながら強火にかけ、90℃になったら引き上げる。

ポイント
・昆布はうまみが強く出る根昆布を使う。鴨スープのベースとして厚みを出すのがねらい。

2 生の鴨ガラを炊き、残りはローストして加える

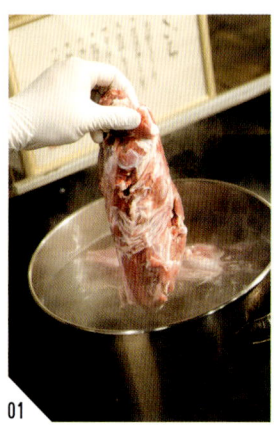  

鴨ガラは、生で煮出すのと、オーブンで焼いた2つを合わせてスープをとる。10羽の鴨ガラのうち、6羽分を230℃のオーブンで約90分間ローストし、残り4羽分は生のまま寸胴に入れて火にかける。90分後、香ばしく焼きつけた鴨ガラを寸胴に加え、沸騰するまでは強火にし、沸いたら弱火に落として炊く。

ポイント
・鴨ガラをローストするのは水分を飛ばすのが主眼だが、焼くことで節類のような香ばしさ、鴨特有の濃いうまみが出る。
・生の鴨ガラは、フレッシュな香りと鳥のうまみを加えて仕上げるため。

3 デグラッセで焼き汁も残さず加える

01　02　03

焼いた鴨を加えたら、鴨をローストした後の天板に、寸胴のスープから一部を注ぐ。こびり付いた焼き汁をヘラなどでこそげ取り、焼き汁ごと寸胴に加える（デグラッセ）。浮いてきたアクはこまめに取り除くが、アク取り以外は手を加えず、中弱火の火加減を保って2時間ほど炊き続ける。

> **ポイント**
> ・デグラッセはフレンチの技法。カラメル化した焼き汁は凝縮したうまみの塊なので、残さずスープに溶け込ませる。

4 漉して仕上げ

01　02　03

鴨ガラを寸胴から引き上げ、シノワで漉して完成。コンソメと同じく塩のかえしを加えて味を決める。冷凍庫で保管して翌日以降に使用する。

蝦夷鹿のだし
（エゾシカのジュ）

味噌とよく合うエゾ鹿スープ。
野趣あふれるうまみを最大限に引き出す

材料

鹿骨
（生／時期や産地により冷凍）
―――――――― 4kg

豚足 ――――――― 2kg

水 ――――― 22リットル

仕上がり ―― 14リットル

1　鹿骨を炊く

01

02

03

鹿骨は焼くものと生で煮出すものとに分ける。全体の3／4にあたる約3kgを
230℃のオーブンで約90分間ローストする。表面だけでなく、髄までしっか
り焼ききってからスープに加える。残りの1kgは生のまま寸胴に入れ、豚足と
水を加えて火にかける。

> **ポイント**
> ・エゾシカの骨は、メニュー監修者である石井シェフのルートから仕入れて
> いる。安定した量が確保できるのと同時にトレーサビリティも万全（仕入れ先
> は季節ごとに変動）。
> ・鹿骨は生で使うものと、オーブンで焼いたものを合わせることで、うまみと香
> ばしさのバランスを調整しつつ、味に厚みを出す。西洋料理では、大型動
> 物の素材を生のまま煮出すことはほぼ無いため、生とローストの2種を合わ
> せて使うことは、フレンチとラーメンとのハイブリッド製法と言える。
> ・豚足はスープにゼラチン質を補うために加える。

2 焼いた鹿骨を加える

01 02 03

沸騰するまでは強火で炊き、沸いたら弱火に落として、ここでローストした鹿骨を加える。鹿骨を焼いた後の天板に、寸胴のスープから一部を注いで焼き汁を溶かしてこそげ取り、寸胴に戻し加える（デグラッセ）。鹿骨を加えるタイミングは、焼き終わったものから順次投入する。

ポイント

・デグラッセはフレンチの技法で、キャラメリゼした焼き汁を加えることで香ばしさを乗せ、うまみを深める。素材のうまみを逃さず、濃厚な味わいが出せる。

3 漉して仕上げる

01 02

弱火にして4時間経ったら、鹿骨などの固形物を引き上げてシノワで漉す。流水で冷やした後、表面に凝固した脂を取り除いて完成。味噌のかえしとして「仙年みそ たまり汁（次ページ）」を加えて味を決める。冷凍庫で保存して翌日以降に使用する。

ポイント

・適宜アクは取るが、鹿骨から出る脂がワイルドな「鹿の香り」を生み出すため、取りすぎないように注意する。

かえし｜地元産の高級塩や液体味噌など 厳選した素材でつくるクリアなうまみ

塩かえし

塩かえしの主役になるのは北海道熊石町の塩。メニュー監修の「Le Musée」石井シェフが選定したもので、ミネラル感と甘み、塩味のバランスがよく、コンソメのうまみを下支えする。この塩に、みりん、白醤油と昆布などをブレンドして仕上げる。週1回つくり、冷蔵庫で保管して使う。

仙年みそ たまり汁

味噌ベースの限定ラーメンには、北海道東川町の平田こうじ店製「仙年みそたまり汁」をかえしとして用いる。芳醇なうまみとコクでスープになじみやすい。

鶏油｜香り高いフランス系赤鶏の脂を選定。 低温長時間でじっくり抽出する

「鶏でとったコンソメには鶏のオイルを」という考えから、試行錯誤の末に、鶏の香りを最大限に引き出した鶏油を完成させた。現在は70℃の湯せんで約3時間じっくりと火入れし、抽出したもの。コンソメベースのラーメンにはすべてこの鶏油を使う。

> **ポイント**
> ・「香り高い」鶏油を模索し、抽出方法や素材の選定で試行錯誤を重ねてきた。
> ・日本各地の地鶏・銘柄鶏を試したところ、薫りのよさで知られるフランス系赤鶏をルーツにもつ「みつせ鶏」と出逢った。
> ・みつせ鶏のなかでも尻（ぼんじり）部分から採った脂を使っている。

限定の香味油 | メイン素材と相性のよい香りを オイルに移し、「マリアージュ」を演出

菊芋オイル
（ジュ・ド・カナール／菊芋／
液体味噌）

椎茸と黒胡椒のオイル
（蝦夷鹿のジュ／仙年味噌／
菊と胡椒）

限定ラーメンもメニューごとに香味油を作成し、香りでも差別化を図る。鴨を焼いて香ばしさを強調したジュ・ド・カナールには、菊芋のオイルで香ばしさのグラデーションをつける。蝦夷鹿のジュには鹿の豊かなうまみを黒コショウの香りで引き締めつつ、シイタケのグアニル酸でうまみを足す。

エアー（泡） | ハンドブレンダーで直前に仕上げる ビジュアル＆「味変」のキーパーツ

だし素材と大豆レシチンをブレンダーで撹拌してつくるエアーは、レシチンの成分によって数分間ほどその形を保つ。この泡のねらいは、エアリーな軽さとともに時間差をつけた味変効果だ。「特上らぁ麺 塩」のエアーは昆布だしと白醤油がベース。昆布のうまみがじわじわとスープに溶け込み、食べ進むうちにスープの味わいに変化をもたらす。同じように、「蝦夷鹿のジュ」には黒コショウとシイタケを、「ジュ・ド・カナール」にはショウガを効かせるなど、メニューごとに特別なエアーを開発している。

01　02

拉麺酒房 熊人 | つけ麺　3種盛り | 1300円

魅せる! ポイント

▶ 自家製粉&自家製麺の先駆け的存在
▶ 醤油「粕」で濃厚な醤油スープを開発
▶ フルーツを取り入れた多彩な限定麺

つけ汁は手前から順に「醤油」「味噌」「ひしお」「辛味噌(写真ナシ)」の4種が選べる。

自家製麺の個性と濃厚なかえしが調和。
鶏＋魚介のシングルスープでうまみを重ねる

そばどころとして知られる長野県上田市で、自家製粉・自家製麺を追求する「拉麺酒房 熊人」。ラーメンやつけ麺に使うかえしには、甘露醤油や味噌、醤油の搾りかすを醤油でもどした「ひしお醤油」をそのまま使っており、発酵食品ならではのうまみと香りを探求している。合わせるスープは鶏と魚介を一つの寸胴で仕込むシングルスープ。鶏素材は炊いて2時間で引き上げるなど、主張しすぎることのないよう、うまみのバランスをとっていく構成だ。以前はブランド鶏を使用していたが、現在は国産ブロイラーの若鶏を使用。「求めるのはシンプルな鶏のうまみと香り。そこで、以前よりガラの量を増やしてだしに厚みを持たせている」と店主の小合沢健さん。魚介素材には上質なさば枯節と宗田枯節を使い、香りと奥深さを出していく。提供時のつけ汁には、かつお粉やオイスターソース、ごま油などを合わせ、異なる風味で麺の個性を引き立たせる。

店主　小合沢 健さん

▌商品仕上げ

01　02　03
04　05　06

ウェーブのかかった太麺はゆでる前に入念に押しをかけ、ランダムで楽しい食感をねらう。時間差でゆで釜に入れて上がり時間を調整。ゆで上がったら氷水で締め、そのまま麺肌を傷つけないようにテボざるを吊り下げ、重力で自然に水をきる。つけ汁は「醤油」が甘露醤油、かつお粉、みりん、白ごま油、「味噌」は練りゴマとオイスターソース、ごま油、「ひしお醤油」はひしおのかえし、白ごま油でその都度つくる。前もって合わせると各々の個性が消えてしまうから。3種の麺を手早く盛り付けて完成。

店舗DATA
長野県上田市上田原1588-4
電話　0268-26-1713
https://x.com/kumajin2005/
https://kumajin.naganoblog.jp/

営業時間
11:30〜14:00
18:00〜21:00(20:30L.O.)
定休日：月、火

「つけ麺　3種盛り」の構成

細麺(自家製)	150g
太麺(〃)	150g
粗挽き麺(〃)	150g
トッピング	小松菜(ゆで)、なると、ネギ

醤油つけ汁

スープ	120ml
甘露醤油	20ml
かつお粉、みりん、白ごま油	各少量

スープ｜主役の醤油、味噌の特徴を引き立てる鶏魚介。 うまみは乗せるが主張しすぎない仕上げ

材料

国産若鶏ガラ —— 10kg
〃　モミジ —— 2kg
水、前日の魚介素材の
二番だし —— 計23リットル
さば枯節厚削り —— 500g
宗田枯節厚削り —— 500g
（仕上がり約18リットル）

1 鶏素材を水から炊く

01　02　03

寸胴に水と魚介の二番だしを合わせる。鶏ガラとモミジを入れ、強火にかける。

> **ポイント**
> ・魚介の二番だしは前回に使用しただし素材のうち、節類のみを再度、水出ししたもの（後述）。
> ・以前はブランド鶏のガラを使っていたが、「鶏のうまみは単純なものでいい」という考えからブロイラーに。ブランド鶏の頃より量を増やすことでシンプルなうまみを重ねる。
> ・モミジは1kgずつ小分けして冷凍保存。モミジの爪先からアクが出るため、仕入れ後に、1本ずつ爪を切り落としておく。
> ・「事前に水にさらし、うまみを逃がしたくない」という考えから、鶏ガラの下処理はしない。「加工処理技術が向上しているため、内蔵などからの臭みは出なくなっている」と小合沢さん。

2 ていねいにアクを引く

01　02　03

加熱から45分後を目安に寸胴内をへらでかきまぜ、アクを取る。濃茶色のアクの大半を取り除く。

3 浮いてきた鶏油をすくい、鶏を引き上げる

01 02 03 04

続いて、浮いてきた脂をすくい、小鍋に取り分ける。これを自然に分離させて上の脂は提供用の鶏油に、残りは鶏白湯に利用する。加熱から2時間を目安に鶏ガラ、モミジをすべて引き上げる。

ポイント

- 若鶏のうまみは肉から出るため、「2時間程度炊けば充分にうまみが出る」という考え。
- 鶏ガラ、モミジはこのあとで鶏白湯スープの素材として再利用する。

4 節類を加え、軽く煮出して完成

01 02 03 04

鶏からのうまみが充分に出たところで、さば節、かつお節を加える。中火に調整し、85〜90℃程度の沸き立たない温度で30分加熱。節類を引き上げて完成。仕上がり量は18リットル程度。営業中は中火で温めておき、網で漉してスープとして使用する。

ポイント

- 鶏のシンプルなうまみに奥深さを加えるため、節類はグレードの高い厚削りのさば節、本枯節を使用する。「魚介感を前面に出すより、奥深い"だし感"をねらっています」と小合沢さん。
- 節類の状態によっては渋み、えぐみが感じられることもある。その場合はスープをいったん90℃以上に加熱してアクを取ることで解消する。

二番スープの仕込み

スープは短時間で仕上げて引き上げた材料は二番に再利用

魚介の二番だし

スープの仕上げ工程(p.27)で引き上げた節類は、その後2～3時間程度水出しして二番だしをとる。翌日のスープのベースに使うため冷蔵保存。

鶏白湯スープ

01   02   03

スープをとった鶏ガラとモミジを再利用し、鶏白湯スープをつくる。鶏ガラは引き上げる際、ガラについている背肝、肺などを取り除き、鶏白湯を煮込む際に雑味が出ないように処理する。モミジは身が崩れにくいため、鶏白湯用に3回ほどくり返し使える。

鶏白湯スープは、引き上げた鶏素材と鶏油を一番スープで煮込み、約半量になるまで濃縮させたもの(ブリックス12が目安)。一度の仕込みで10杯分ほどをつくり、夜営業限定で「特濃鶏白湯」として提供している。スープの残り加減よっては、仕込めない日もある。

かえし | 濃厚なうまみの「甘露醤油」と「粕」に着目し、醤油そのものをかえしとして活用

甘露醤油

「醤油を前面に出したラーメンをめざしている。醤油に合わせてスープをつくっているので、かえしは不要」という考え。醤油ラーメンのスープ、つけ麺のつけ汁に用いるのは大久保醸造（長野県松本市）の甘露醤油とみりんのみ。甘露醤油は四段仕込みで分厚いうまみと甘味、濃厚な香りが特長。

ひしお醤油

01 02 03 04

レギュラーメニューの「ひしお醤油」(p.120)には、甘露醤油の醤油粕を醤油で戻した「自家製ひしお醤油」を使う。4年の研究を経て完成したもので、醤油粕1kgを2.2リットルの甘露醤油に漬けて2日おき、ロボクープハンドミキサーにかけてペースト状にし、仕上げにムーラン（西洋裏ごし器）で麦かすを取り除く。こうすることで、さらに口あたりがよくなり、醤油の濃厚なまろみが感じられるようになる。味噌のような深みと醤油のうまみを合わせ持つ熊人のオリジナル。

らーめん飛粋 | 特製らーめん | 1300円

魅せる! ポイント
- ▶ 凝縮感がありつつ軽やかな「鶏豚骨」の新味
- ▶ 店づくりやサービスで幅広い客層を獲得
- ▶ 家系で知られる「酒井製麺所」の麺を採用

まろやかな新味スープ「鶏豚骨」の妙味。
2段階の抽出で鶏と豚のうまみを引き出す

　"ネオ家系"として注目を集める「らーめん 飛粋（ひいき）」。「自分自身が好きな味をめざしましたが、家系ラーメンは脂や塩味が強すぎると感じることも。女性や年配の方でも楽しんでいただけるよう、バランスのとれたスープを創り上げました」と店主の小泉裕太さん。鶏と豚ではうまみが出る時間が異なるため、スープは2日間に分けて仕込んでいる。1日目は鶏を中心にしてスープを炊き、2日目に豚系の素材を加えて仕上げる。完成形のスープは舌に感じるざらつきを極力なくし、まろやかさを前面に出すことを意識した。かえしは日本そばの手法を参考に、低温でじっくり火入れすることにより、化学調味料に頼らずうまみと香りを引き出す。表面には親鶏から採る鶏油を浮かべて艶やかに輝かせ、家系では一般的なホウレンソウではなく小松菜を採用するなど、パーツの完成度も高い。こうして完成するのが、鶏と豚のうまみを凝縮しつつ、軽やかな新味の「鶏豚骨」だ。

店主　**小泉裕太**さん

▌商品仕上げ

01 / 02 / 03 / 04 / 05 / 06

麺は手でしっかりとほぐしてからゆでる。創業時はゆで麺機を導入する予算とスペースがなく、平ざるによる湯きりを選択。必要なだけの麺量を取り、コンパクトに湯きりできるというメリットを感じているため、現在までこのスタイルを継続している。丼のスープを仕上げる際のポイントは「舌に感じるざらつきを極力なくし、まろやかさを前面に出す」こと。かえし、鶏油の量もグラム数で指定してスタッフと共有。誰がつくっても味にぶれが出ないように注意を払っている。

店舗DATA
東京都大田区蒲田5-2-5
https://x.com/ramenhiiki/
https://www.instagram.com/
ramenhiiki/

営業時間
11:00〜16:00
17:00〜21:00
11:00〜20:00（土曜、祝日）
定休日：日曜

「特製らーめん」の構成

スープ	300ml
かえし	30ml
鶏油	30ml
麺	160g
トッピング	モモチャーシュー2枚、バラチャーシュー2枚、海苔5枚、小松菜（ゆで）、塩だし味玉1個

スープ

鶏と豚のバランスを重視し、万人が満足するスープを2日かけて仕上げる

材料（分量非公開）

鶏ガラ
豚背ガラ
豚ゲンコツ
チャーシュー用の豚バラ肉
野菜（ネギやキャベツなど）
水

1 1日目のスープを炊く

01　02　03

スープ用の寸胴は2本使用する。初日に「1日目」と呼ぶ鶏主体のスープを炊き（右の寸胴）、翌日、この寸胴を左に移して、新たに豚素材を加えて「2日目」のスープを完成させる。この2日目のスープが提供時のスープになる。まずは右の寸胴に、分量の水、鶏ガラ、豚背ガラを入れて、強火で加熱する。味を深めるために前日の（2日目）スープの残りを少量加えている。

> **ポイント**
> ・目利きに秀でた業者と長く取引しているため、新鮮かつ良質な素材を確保できる。このため、素材の下処理は不要で、材料のブランドや産地にはこだわらない。

2 2日目のスープを火にかける

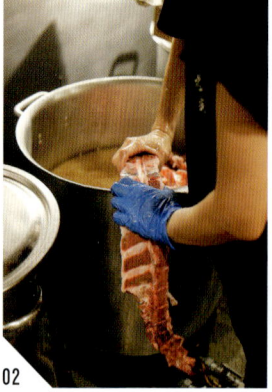

01　02　03

1日目スープの寸胴に着火してから、前日に炊いたスープ（これを「2日目」スープと呼ぶ）に鶏ガラ、豚背ガラ、豚ゲンコツ、野菜を入れて強火で炊く。

> **ポイント**
> ・サイズが大きい鶏ガラ、豚背ガラなどから入れていく。加熱中は寸胴内の対流が激しいため、投入時の順番や位置にはこだわらず、仕込みのしやすさに重きを置く。

3　2日目スープに素材を追加

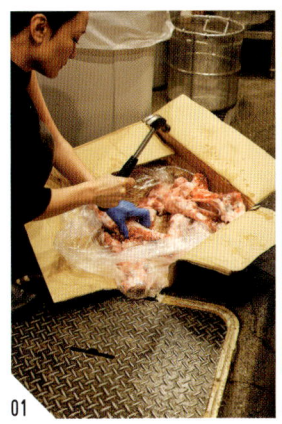
01

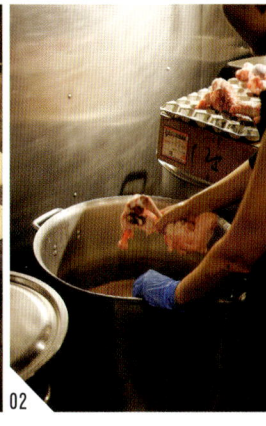
02

03

2日目スープの寸胴に投入する素材は豚がメインになる。豚ゲンコツをハンマーで叩いて傷をつけ、寸胴に入れる。野菜も入れて強火で加熱する。

4　1日目スープの仕上げ

01　　02

1日目のスープは強火で6時間炊く。適宜かき混ぜるが、仕込みを通してアク取りはしない。6時間後に材料を取り出してからは中火に落とす。水量が減ってきたら、適宜湯を足して調整する。この1日目のスープは営業終了後に粗熱をとって目の細かい網で漉し、冷蔵庫で保管。翌日、2日目スープのベースにする。

5 2日目スープ（提供用）の仕上げ

01

02

03

加熱から3時間後に材料を取り出し、漉しの工程を経て提供用スープとする。営業中はこの2日目をメインに使うが、味のバランスを見ながら、当日仕込みの1日目スープを適宜足していく。

ポイント

・2日目スープは、豚をメインとする材料を新たに加え、味のバランスを取りつつ1日目スープの鶏のうまみと香りを下支えする。

・提供用の2日目スープに1日目スープを適宜足すことで、どの営業時間帯であってもぶれのないスープを維持する。営業中に1日目スープを足すのは、フレッシュな鶏の香りを補うためでもある。

かえし | 低温でじっくり火入れした醤油のかえしに チャーシューを漬けて肉のうまみをプラス

ヤマサ醤油の濃口醤油に酒、みりん、魚介素材を加える。香りが飛ばないよう沸き立たせず、じっくりと火入れする。1週間分をまとめてつくるが、完成の前日に少量のかえしを取り分けてチャーシュー用のモモ肉とバラ肉を漬け込む。豚のうまみを移したかえしを戻し、冷蔵庫で1日ねかせてから使用する。

鶏油 | 安定した味わいと芳醇な香りの親鶏を厳選。 当日つくった鶏油のみを使用する

01 02 04 05

濃厚なうまみと香りが特徴の親鶏の鶏脂に、ニンニクを加えて高温にならないように加熱。鶏油はフレッシュな香りを生かすため、つくりおきはしない。毎朝、当日使う分のみを、届いたばかりの鶏脂で仕込んでいる。

麺や 福はら ｜ 芳醇鶏そば（塩） ｜ 1200円

魅せる！ポイント

▶ 東京の名店で修業後、地元で多店化展開
▶ 近県の高級地鶏を使った完成度の高い鶏清湯
▶ 関西圏の小麦にこだわった自家製麺

地元・関西の食材を可能な限り使い
「追い鶏」でフレッシュな香りを加える

店主の福原康一さんは、東京の名店「麺屋 一燈（いっとう）」で4年間の修業を経て、2017年に地元の大阪市で「麺や 福はら」を開業した。自家製麺には近畿圏の小麦粉を使用し、野菜などの食材は地産地消を考えている。メニューの主軸に据える「芳醇鶏そば」にも奈良県産の大和肉鶏（やまと にくどり）を使用。ふくよかな香りと濃厚なうまみが特徴の地鶏だ。スープは、丸鶏と髄まで割った小骨、モミジなどをじっくり煮出してゼラチン質を溶かし出し、ムネ肉や手羽はより味が出やすいように寸胴内の重ね方や配置まで工夫してそれぞれの持ち味を引き出す。さらに、スープを炊く際は鶏脂を寸胴の蓋をするように浮かべ、蒸発を防ぎながら鶏の香りをスープに溶け込ませている。提供時にはスープを温める小鍋に生の鶏モモ肉を加えた「追い鶏」により、まろやかなスープにフレッシュな鶏の香りを乗せ、丼から立ち上るアロマをいっそう豊かにする。素材の魅力を最大限に引き出すために各工程で工夫を重ね、鶏清湯の完成度を高めている。

店主　福原康一さん

▌商品仕上げ

麺のゆで時間は2分半。麺を傷めにくいパンチタイプのテボざるを使う。丼にゆで湯を入れて1分ほど温めておく。小鍋で提供用スープを加熱する際は、「追い鶏」で生の鶏モモ（骨付き）を入れてうまみを加える。盛り付けでは麺線のカーブが綺麗に見えるよう、麺を縦の方向に整える。これは見た目の美しさだけでなく、食べ手が箸を入れた際に持ち上げやすく、麺のリフト写真を撮りやすいように考え抜かれたレイアウトだ。

店舗DATA
大阪府大阪市生野区新今里5-1-8
電話　06-7508-3649
https://www.menyafukuharagroup.com/
https://x.com/fukuhara51k/

営業時間
11:00〜14:00
18:00〜21:00
※材料切れ終了あり
定休日：不定休

「芳醇鶏そば（塩）」の構成

スープ	230ml
かえし	30ml
鶏油	22ml
麺（自家製）	150g
トッピング	豚チャーシュー、鶏チャーシュー、小松菜（ゆで）、ネギ

スープ

分厚い鶏油で蒸気を閉じ込め、寸胴に鶏のうまみと香りを行き渡らせる

材料

丸鶏（大和肉鶏）―――― 30kg
鶏脚小骨（大和肉鶏）― 3kg
鶏脂 ――――――――― 4kg
水 ――――――――― 30リットル

1　鶏をさばいて下処理する

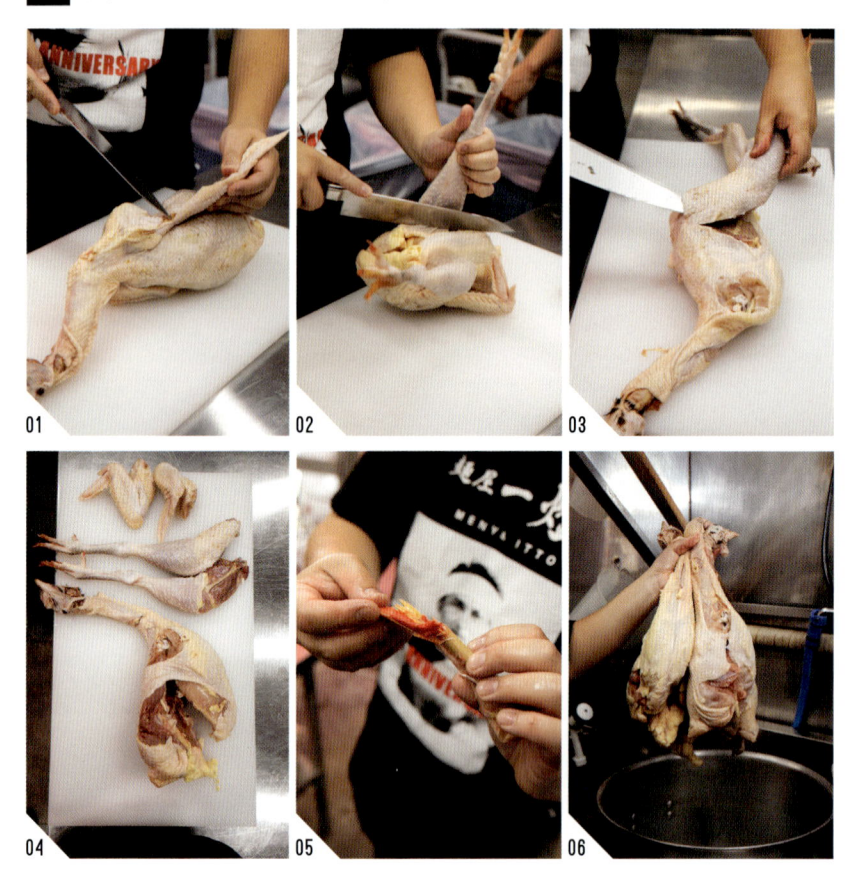

01　02　03　04　05　06

内蔵を抜いた大和肉鶏を仕入れ、店で丸からさばく。手羽を切り落としたら、モモを切り分け、味が出やすいようにネックとムネに切り込みを入れる。脚の小骨はハンマーで割って髄を出し、処理を終えたものから寸胴に入れていく。

ポイント

・鶏から抽出されるうまみはパーツによって異なる。効率よくうまみを引き出すためと、寸胴に入れる位置を調整するため部位ごとに切り分ける。

・大和肉鶏はメスのみを仕入れる。メスは肥育期間が長いためグラマラスで、味もふくよかに仕上がりやすく、鶏油を豊富に含む。対照的に、オスは肉質が硬い傾向がある。

・丸鶏だけでは上品になりすぎるため、ラーメンらしい雑味を出すように小骨の髄を足す。120日以上飼育している地鶏は骨密度が高いため、ハンマーで割る。

2 味が出やすいように材料を配置

水を張った寸胴にムネとネックを入れ、その上にハンマーで割って髄を出した脚の小骨を置く。続いてモモ、手羽の順に重ねていく。

ポイント

- 寸胴の中では温度差が生じるため、大きな部位は底部に置いてしっかりと火を通し、うまみを抽出する。一方、火の通りが早い小骨などは上部に置く。
- モモはモミジがついたまま投入する。モモは骨に比べてだしの出るスピードが早いが、モミジは火が通りすぎるとスープのゼラチン質が強くなるため、ゆっくり火が通る上部に置く。

3 鶏脂で蓋をして炊く

鶏の各部位を入れ終わったら、最後に鶏脂を乗せて沸騰するまで強火にかける。沸騰直前になったら火力を落とし(45分後程度が目安)、弱火にして6時間加熱する。

ポイント

- 最後に乗せる鶏脂は鶏油を取るねらいもあるが、寸胴の蓋代わりでもある。加熱中、寸胴から湯気はほぼ立たない。これは鶏の脂身がスープ表面を分厚く覆っているからだ。「スープから上がる蒸気からも香りが逃げてしまう」という考えから、鶏油で蓋をして、鶏の香りを寸胴全体に行き渡らせる。
- 「豚や牛のアクは取るが、鶏スープではアクもうまみになる」という考えから、加熱中は基本的にアクは引かない。そもそも良質で新鮮な地鶏は、アクが少ないという。

4 炊き上がりに鶏油を取る

6時間後に火を止め、上にたまった鶏油を柄杓ですくい取り、網で漉す。チラーで一気に冷やして粗熱をとり、冷蔵庫で保存する。

ポイント

・香味油の鶏油は2〜3時間で取るという店もあるが、スープと一緒に6時間炊いた後で取る。加熱を通して丸鶏の香りが脂にも浸透していくため、より香り高い鶏油が取れる。

・香味油として取る鶏油は黄金色の上部のみ。香りの少ない部分を含まないよう、取りすぎに注意する。

5 スープを漉して冷やす

鶏油を取り終わったら、スープを漉す。小鍋ですくって網で漉し、3つの容器に順番に注ぎ分け、最後は寸胴を傾けて残さず取りきる。3つの容器は冷水チラーで急速に10℃程度まで冷やす。冷蔵庫に保管し、一晩ねかせてから使用する。

ポイント

・ガラを動かすと肉などが崩れてスープが濁るため、漉す際はできるだけ素材に触れないよう、ていねいに扱いつつ、残さず取りきる。

・寸胴内は、上部ほど油分が多く、また底部には濃い部分がたまる。上と下で濃度が異なるため、上から単純に三等分するのではなく、手間だが小鍋で順番に容器に移していく。これにより濃度を一定にできる。

・チラーで急冷するのは、衛生管理とともに、温度が高いままだとスープが酸化し、香りが飛んでしまうため。急速に冷やすことで鶏の香りをキープする。

かえし

グラマラスな鶏清湯の下支えする役割。
昆布だしと複数の塩で味をまとめる

かえしは「スープを底上げする」役割と考え、羅臼昆布をベースに、数種の塩と調味料で仕上げている。藻塩、天日塩、岩塩、湖塩と、系統や産地・製法の違う塩をブレンドすることで多様なミネラル分を補強しつつ、鶏スープの邪魔しない、調和のとれた味をめざす。

イ袋ワシづかみ ｜ 醤油らぁ麺 ｜ 950円

魅せる! ポイント

▶ ほぼワンオペながら、多彩なメニューを創出
▶ 人気製麺所の協力で、個性的な麺を調達
▶ 高騰する煮干しの使い方・効かせ方を工夫

豚骨と煮干しの和だしが織りなす、エッジの立ったスープ。煮干しペーストが香りと味を深めていく

店主の實藤健太さんは、2011年に大阪・中崎町で「フスマにかけろ 中崎壱丁 中崎商店會1-6-18号」を創業。貝類や鯛を使ったスープや、低温調理チャーシューなど、関西でいち早く新たなアプローチを取り入れてきた。22年にリスタートした新店は、豚骨清湯と和だしのダブルスープを主軸に据える。関西では清湯・白湯ともに鶏ベースが主流だが、「あえて昔っぽいスープに挑戦したい」と、クリアな豚骨スープからうまみを引き出す。和だしは煮干し、昆布、シイタケなどを合わせて炊き、しょっつる（秋田の魚醤）をブレンドしたかえしで魚介のうまみを下支えする。そして、魚粉にオリーブオイルを加えた煮干しペーストが味のキーになる。ペーストの「味変」で煮干しの香りとコクが加わり、最後までスープを満喫できる構成だ。ちなみに、屋号の「イ袋ワシづかみ」は煮干しの「イワシ」に胃袋のイ、鷲づかみのワシをかけてインパクトを出したいという思いを込めた。

店主　實藤健太さん

商品仕上げ

店舗DATA

大阪府大阪市天王寺区四天王寺2-2-7
https://x.com/ksxxxcom1/

営業時間
11:00～16:00
18:00～23:00(月・金・土・日)
11:00～16:00(火・水・木)
※金土日の夜営業は
「純豚骨らぁ麺専門店【裏胃袋鷲掴】」
定休日：不定休(SNSで告知)

麺のゆで時間は3分30秒。軽くほぐしてからテボざるでゆでる。チャーシューはざるに乗せてゆで麺機の上で温め、ネギはさっと湯通しする。具材の温度を高めつつ、ゆで麺機の蒸気でしっとりさせるのがねらい。麺がゆで上がったら、軽く湯きりしてフックでつり下げ、重力を利用して自然に水をきる。丼に煮干し油、かえしを入れて、小鍋で合わせて温めた和だしと豚骨清湯スープを注ぎ、湯きりした麺を丼に移す。麺のうまみがスープに溶け出してしまうため、トングで麺線を整えるのは2回まで。チャーシュー2種とバラ海苔を盛り付け、中央に煮干しペーストを乗せて完成。

「醤油らぁ麺」の構成

スープ	250ml（和だし1：豚骨清湯2）
醤油かえし	30ml
煮干し油	25ml
麺	150g
トッピング	豚チャーシュー（肩ロース、バラ）、ネギ、黒バラ海苔、煮干しペースト

和だし

看板である煮干しのうまみとコク、香りをじっくり極限まで引き出す

唯一無二のらぁ麺専門店　**イ袋ワシづかみ**　スープ・豚骨清湯

材料

カタクチイワシ煮干し
（瀬戸内産）————— 600g
昆布（道南産）————— 適量
干しシイタケ（足部分）
————————————— 適量
イカ煮干し————— 適量
水————————— 6リットル

1 煮干しを乾煎りする

煮干しは雪平の大鍋に入れ、弱火で30分ほど乾煎りする。乾煎りしている間はあまり触らず、時おり鍋を振って煮干しの上下を返すのみ。

ポイント

・瀬戸内産のカタクチイワシを使用。大羽、中羽、小羽とサイズがある中で、ラーメンのだし濃度に適した中羽を指定して仕入れている。和だしでは煮干しならではのコクとうまみを引き出し、煮干し油でリッチに香りをのせる。

・煮干しに水分が残っていると臭みのもとになるために乾煎りする。表面に焼きめをつけることで煮干しらしい香りも出る。焦げないように気をつける。

2 乾物素材を一晩水出しする

01　02　03

昆布、干しシイタケ、イカ煮干しを角型ステンレスポットに入れ、乾煎りした煮干しも合わせ、水を加えて冷蔵庫へ。7〜8時間水出しする。

ポイント

・干しシイタケ、イカ煮干しを加えて味に奥行きを出す。

翌日、70℃で1時間弱加熱して完成

翌日、容器ごと火にかける。45分かけて70℃まで上げていき、70℃を15分間ほど保つ。火にかけている間にアクを取り、漉して当日用の和だしとして使う。

ポ イ ン ト

・水出しの時間は7〜9時間が最良。通常は前日に水出しして、朝に炊くというルーティンで行なう。水出し時間は7時間以下だと充分にうまみが出ず、また逆に一晩以上、浸けてもうまみの抽出具合は変わらない。

・煮干しを煮立たせるとえぐみ、苦みが出てしまうため、火入れは70℃を守る。

豚骨清湯

ていねいな下処理と冷凍工程によりまろやかで臭みのない豚骨清湯に

材料

背ガラ(豚)	7kg
ゲンコツ(豚)	3kg
背脂	適量
白菜	適量
ショウガ	適量
ニンニク	適量
タマネギ	適量
水	50リットル

豚骨清湯は週に2回、2日間かけてつくる。背ガラ、ゲンコツは前日に7〜8時間ほど水に浸けて血抜をし、翌朝、軽く洗ってから寸胴に入れ、残りの材料を加えて強火にかける。沸騰後30分間ほど強火で炊き続けてアクを取る。弱火にして6時間加熱して完成。粗熱をとり、漉して1日使用分ごとに小分けして冷凍庫で保存。提供時はその日の分を加熱して溶かし、一度沸き立たせてから提供用スープとして使う。

ポ イ ン ト

・豚骨でスープに不要な雑味が出るのは血合いの部分。血抜きをし、アクをていねいに引くことで臭みのない、マイルドな豚骨清湯に仕上がる。

・冷凍することでスープがなじみ、全体のバランスがよくなる。とくに野菜素材の主張が落ち着いて、まるみのある仕上がりになる。

かえし

しょっつるや煮干しを加えたかえしをベースに
たまり醤油とみりんを合わせた濃口タイプも

唯一無二のらぁ麺専門店　イ袋ワシづかみ

かえし・煮干しペースト・煮干し油

醤油かえし

01　02　03

「醤油らぁ麺」のかえしは醤油、みりん、しょっつるに煮干しと昆布を合わせ
て2日熟成させ、60℃で1時間火入れして完成。

濃口醤油かえし

01　02　03

レギュラーメニューの「濃口醤油らぁ麺」用には、上記の「醤油らぁ麺」のか
えしに2種のたまり醤油を加え、さらにチャーシューだれとみりん2種を加
えた濃厚なかえしをつくる。

金土日の夜限定の「醤油豚骨白湯らぁ麺」(p.118)のかえしは、醤油らぁ麺
のかえしにたまり醤油をブレンドしたもの。濃厚すぎず、適度な甘みを加え
ることでマイルドな豚骨白湯スープにマッチさせる。

煮干し ペースト | 2種の粉末とオリーブ油を合わせて パンチのある「煮干し感」を前面に

01　02　03

カタクチイワシ（奥）、ウルメイワシ（手前）の煮干しを細かく挽いた粉をブレンド
し、オリーブオイルを合わせてペースト状にする。カタクチイワシは煮干しらしい
香りと風味で魚粉ペーストのベースになる。ウルメイワシは独特の香ばしさがあ
り、関西の食べ手にフィットすると考えて加えている。植物性のオリーブオイルは
冷えても凝固しないため、限定の冷やし麺にも活用できる。

煮干し油 | 煮干しラーメン用に開発した香味油。 ラードに煮干しの香りを溶かし込む

ラードをIHヒーターで温めて溶か
し、煮干しを入れて香りを移す。
ファーストインパクトで煮干しの香
りを出すため、香味油として用いて
いる。なお、水出しした煮干しはう
まみが残っていないが、油で熱した
煮干しはうまみが充分に残っている
ため、この後、限定ラーメン用の素
材として再活用する。

ラーメン 健やか ｜ 特製つけ麺 ｜ 1400円

魅せる！ポイント

▶ 温度管理を徹底した緻密な自家製麺
▶ 昆布水つけ麺の美麗なローリング盛りの先駆者
▶ クリアなうまみの魚貝と鶏のダブルスープ

アサリを効かせた魚貝と鶏のダブルスープで
つるもち食感の自家製麺を引き立てる

　人気ラーメン店がひしめき合う東京・三鷹の地で、幅広い層から支持を得る「ラーメン 健やか」。インパクト絶大なつけ麺の「ローリング盛り」とともに、「貝だし」を主軸とした味づくりでも注目を集める。「創業当初はホンビノス貝がメインでしたが、次第に価格が高騰したため、いまはアサリとシジミを混合して使っています」と店主の土屋一平さん。この貝だしは、塩ラーメン（p.119）のスープのほか、つけ麺、醤油ラーメンなどほぼすべての商品に「味の土台」として使用する。素材ごとにうまみの出やすい時間や温度帯が異なるため、抽出方法の試行錯誤を重ねた結果、アサリとシジミは水から煮はじめ、温度が上がってきたタイミングで昆布や煮干し、干しシイタケを投入。さらに、追いガツオならぬ「追い貝」という独自の手法を確立し、塩系と醤油系では加える貝の割合・量を変えるなど、味の磨き上げにも余念がない。コシのある自家製麺に合わせて凝縮感がありつつ澄んだ味わいのスープに仕上げている。

店主　**土屋一平**さん

▍商品仕上げ

01　02　03　04　05　06

店舗DATA

東京都武蔵野市中町1-28-1
矢島ビル102
電話　0422-57-7935
https://x.com/ramensukoyaka/

営業時間
11:00～15:00
18:00～21:00
無休

「特製つけ麺」の構成

麺(自家製)	210g
昆布水	120ml

つけ汁

スープ	150ml (魚貝スープ1:鶏スープ1)
醤油かえし	20ml
香味油	10ml
トッピング	豚チャーシュー、鶏チャーシュー、味玉、ネギ、カイワレ菜、宮古島の「雪塩」

「健やか」のアイコンとも言える、つけ麺の「ローリング盛り」。流水にさらして水で締める段階から麺の束をていねいに整えていくため、盛り付けはスピーディ。麺線が流麗なカーブをつくりつつ、箸を入れてたぐりやすい仕様だ。黄金色を帯びた昆布水によって、麺はさらにツヤ感を増す。この盛りスタイルを採用するラーメン店は多いが、土屋さんがパイオニア的な存在。何百杯とつけ麺を盛り付けるうち、自然にでき上がったフォルムだという。「麺のしなやかなテクスチャーを生かすため、水で締めるプロセスから意識して麺線を整えます」と土屋さん。

魚貝スープ

アサリを主に、各材料を時間差で投入。精緻な温度・時間管理で素材の持ち味を最大限に引き出す

材料

アサリ(冷凍)	20kg
シジミ(冷凍)	10kg
真昆布	50g
干しシイタケ	100g
煮干し(セグロイワシ)	200g
水	22リットル

追い貝(塩系)材料

アサリ(冷凍)	2kg

追い貝(醤油系)材料

アサリ(冷凍)	1kg
かつお節(厚削り)	50g
さば節(厚削り)	50g

1 魚貝スープ（1日目）を炊く

01　02　03

魚貝スープは貝を煮るところからスタート。寸胴に水を入れ、冷凍のアサリ、シジミの全量を加えて火にかける。

ポイント

・貝は水から煮出し、徐々に温度を上げていくことでうまみが充分に出る。

2 乾物類を加える

01　02　03

約40分間かけて60℃まで温度を上げる。途中で昆布、煮干し、干しシイタケを順次、加える。

ポイント

・貝だけでなく、昆布や煮干し、干しシイタケを合わせることで、最終的に繊細すぎず、力のあるスープに仕上げている。

3 追い貝の二番素材を加える

続いて、追い貝（下記）の二番素材を加える。60℃になった
ら約1時間、60℃をキープする。続いて40分間かけて沸騰
の直前（95℃くらい）まで温度を上げて、そのまま2〜3時間
ほど炊いたら、最後は1時間ほど思いきり沸騰させて火を止
める。素材ごとにうまみの抽出温度帯が異なるため、このよ
うに段階的に温度を上げて、最後は味がまとまるようにしっ
かりと沸かす。アクは取りすぎないこと。

4 追い貝を入れて冷凍する

寸胴のスープを冷ます間に、角型ステンレスポット数個に
「追い貝」の素材を用意する。これは「追いがつお」のように追
加でだし素材を足して風味と香りを強める手法。この段階で
はじめて塩系と醤油系のスープを分け、「塩系」はアサリのみ
を、「醤油系」はアサリと節類を合わせておく。粗熱のとれた
寸胴のスープは、角型ポットに漉しながら注ぎ入れ、追い貝
を入れたまま冷凍する。この段階では加熱せず、翌日、ポッ
トごと沸かしてスープを仕上げる。

5 翌日、スープを仕上げる

01　02

前日に冷凍した塩系と醤油系のスープは、それぞれポットご
と火にかける。沸騰したら15分間ほどしっかり沸かしてスー
プは完成。

> ### ポイント
> ・ポットに入っているだし素材（追い貝）は加熱時間が短い
> 　ため、引き上げて次のスープに再利用する。
> ・健やかではすべてのスープを一度、冷凍させる。凍らせる
> 　ことで味を落ち着かせる効果もあるが、つねにストックを用
> 　意し「スープを切らさない」という目的が大きいという。

鶏スープ | モミジと生ガラを主に
丸鶏を加えて力強いうまみをもたせる

材料

モミジ	10kg
鶏ガラ(生)	10kg
丸鶏(みやざき地頭鶏)	1羽
真昆布	50g
水	40リットル

鶏から深いうまみを最大限に引き出すため、火加減を調整しながら4段階に分けて材料を加えていく。まずはモミジのみを強火で炊き、スープのベースとなる濃厚なだしをとる。次に生ガラを加え、火を少し落として鶏の骨からじっくりとうまみを抽出。さらに、さばいた丸鶏の手羽とモモを加えて火を落とし、丸鶏の濃厚な味わいをスープに溶け込ませる。最後にムネ肉とササミを入れたら弱火にし、繊細で軽やかな風味を引き出す。計5時間炊いて仕上げる。

ポ イ ン ト
- 魚貝スープと同じく、鶏スープも漉してから角型ポットに分けて冷凍し、翌日に沸かして仕上げる。
- 営業中は、魚貝スープと同割(1:1)で使用。
- 鶏のスープは凍らせることでうまみが増す。

昆布水 | がごめ昆布などでほのかに粘度を抽出。
香り・味ともに主張しすぎない仕上げに

かつお節、干しシイタケ、煮干し、がごめ昆布を水出しし、粘度を抽出するように仕上げる。がごめ昆布は髪の毛くらいの細切りにして表面積を広げることで、粘りがよく出る。昆布水に塩分は入れない。つけ麺を盛り付けた後で、麺の脇から静かに注ぐ。

かえし | 節類やゲソなど海産系の素材で 魚貝スープの香りとうまみを底上げする

醤油かえし

森田醤油店の無濾過生醤油をメインに、木桶再仕込み醤油、生たまり醤油をブレンド。昆布、煮干し、干しシイタケ、イカトンビ（くちばし）などを加えて奥深い魚介のうまみも加える。無濾過生醤油は冷蔵保存し、68℃で火入れして使用。濃度を上げすぎないように留意しながらまろやかさを出す。仕上がったかえしは新聞紙をかけ、香りが飛ばないように冷蔵庫で保存する。

塩かえし

真昆布、干しシイタケ、ゲソ、節類と煮干し類を1日水出しし、塩を加えて加熱して仕上げる。だしの風味と奥行きを出したいと考えているため、使用する塩は1種類。だしの厚みを最大限にアピールする。

香味油 | 香味油は3種類を用意する。魚貝スープとの相性を考えて開発

鶏油　　アサリ油

みやざき地頭鶏（じとっこ）の丸鶏から鶏油（左）をとる。アサリ油（右）とブレンドして香味油として使用する。香りを立たせすぎないよう、量は控えめに用いている。

煮干し油

サラダ油にアジの煮干しを加えて火にかけ、ゆっくり温度を上げる。140℃で火からおろし、そのまま冷やして完成。煮干しラーメンに使う。

茅堂寺 〜いどうじ〜 | 深み鶏（濃厚） | 880円

魅せる！ポイント

▶ 多彩なメニューバリエーション
▶ メインスープと麺は委託し、創作限定に注力
▶ 「和える」替え玉の魅力でプラス1品を獲得

毎日の調整でブレのない品質を維持。
濃厚な鶏のうまみを極めた一杯

　鶏の奥深いうまみを引き出したい——そんな思いを込めたフラッグシップメニューが「深み鶏」。大山どりや天草大王といった大型の銘柄鶏のガラをベースに、ゼラチン質によって自然な濃度を出すためにモミジを加える。じっくり8時間炊き出して完成するのが、芳醇な香りと濃厚なうまみをたたえた鶏白湯スープだ。かえしには、やさしい甘みとまろやかさが特徴の白醤油を使い、鶏スープの輪郭を際立たせる。店主の伊堂寺まいさんは、鶏白湯スープをセントラルキッチンで委託製造し、厨房の仕込みは創作限定に注力している。修業先で鶏の濃厚スープに挑戦して以来、その味わいや香りに魅了されていると話す伊堂寺さん。毎朝、配送されたスープを解凍し、粘度や香りといったコンディションを確認。スープをブレンドし、きめ細やかに調整していく。この仕上げにより、濃厚なうまみがありながら、最後まで飲み干せるほどまろやかなスープができ上がる。

店主　**伊堂寺まいさん**

▌商品仕上げ

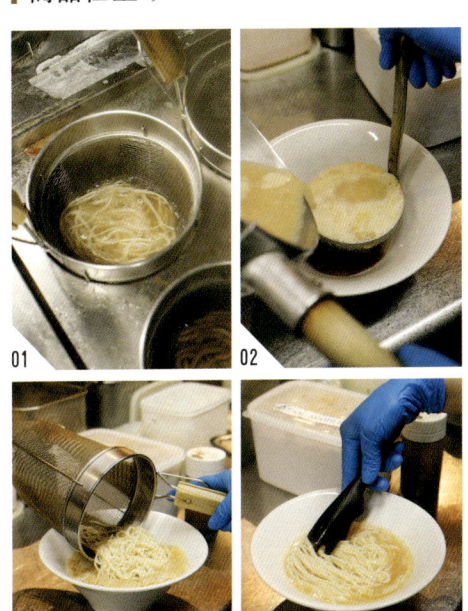

01　02　03　04

「深み鶏」などラーメンは細麺のため、40秒という短時間でゆで上げる。帆立塩蕎麦など、やわらかめの麺に仕上げたい限定メニューでは1分ほどのゆで時間に調整することも。盛り付けでは、2種のチャーシューを丸めて立体的に乗せることを意識。具材が沈みこまないよう、トングで麺線を整えて中央にまとまりをつくる。

味変用の
レモン酢

卓上に置くレモン酢。和食の料理人として尊敬する父からアドバイスを受け、鶏白湯スープの味変アイテムとして取り入れた。

店舗DATA
茨城県つくば市天久保2-6-1
https://x.com/idouji_/

営業時間
11:30〜14:30（L.O.）
18:00〜21:30（L.O.）
無休

「深み鶏（濃厚）」の構成

スープ	200ml
白醤油のかえし	20ml
香味油	20ml
麺	130g
トッピング	釜焼き豚チャーシュー、鶏チャーシュー、メンマ、タマネギ、カイワレ菜

鶏白湯スープ

高級地鶏のうまみを重ね、抽出段階の異なるスープを店舗で最終調整する

材料(分量非公開)
鶏ガラ
(大山どり、天草大王)
鶏足先(モミジ)
水

1 届いたスープを解凍する

01　02　03

鶏白湯スープは委託するセントラルキッチンで仕込み、鶏ガラ、モミジを強火で8時間ほど炊き上げてつくる。スープは冷凍され、店舗には朝一番で抽出段階の異なる状態で寸胴に分けられて届く。まずはスープを解凍し、それぞれのスープの状態を目視と触感で確かめる。

ポイント

・銘柄鶏のみを使用した純鶏スープながら、レシピで重視したのは素材の量ではなく、ガラとモミジのバランス。うまみととろみの最大値を見極め、最適な配合を追求している。

・漉して冷ましたスープは冷凍して1日ねかせる。このプロセスを経ることでスープに深みを出す。

・大山どり、天草大王などの大型の銘柄鶏は、くり返し炊いても臭みが出ず、むしろ芳醇な香りと濃いうまみが抽出できる。原価はかかるが余すところなく材料を使いきることができ、また長時間炊き続けるCK向きの素材と言える。

2 ブレンドして調整

届いたスープの味をみながらブレンドし、味のバランスを調整する。できるだけブレのない状態までもっていき、すぐに使う分量以外は冷蔵保存。調整作業は昼営業後に行ない、その日の夜営業と翌日の昼営業に使う。

ポイント

・季節や鶏の状態によってもスープの仕上がりは変わる。粘度がなくシャバシャバのときは濃度の高いスープの割合を増やすなど、その日の状態に応じて調整し、安定した味に仕上げる。

・鶏のうまみと香りがもっとも引き立つよう、火加減や途中の温度管理・煮込み時間などを徹底的に検証。このレシピをセントラルキッチンと共有し、細部までこだわりながら緻密に仕上げていく。

3 加熱してスープを仕上げる

01　02　02

スープを沸かして、営業前に最終調整を行なう。営業中は火からおろし、
オーダー後に小鍋にとって加熱し、丼に合わせて提供する。

ホタテのスープ
（限定／帆立塩蕎麦用）

シンプルにホタテのうまみを抽出。煮すぎないのがポイント

材料

ホタテ貝柱(冷凍) —— 1kg
水 ———— 5リットル

01　02　03

ホタテ貝柱を寸胴に入れ、水を注いで強火にかける。沸いた段階で火を止めて撹拌する。冷蔵庫で保存し、注文を受けたら小鍋にとって加熱して提供する。

ポイント

・ホタテのフレッシュ感を逃さないよう、貝柱には火を通しすぎないのがポイント。軽く沸かせた段階で火を止める。

・漉しの工程は入れない。粗く撹拌し、スープにうまみを抽出したホタテを具材としても活用する。

和える替え玉

「まるでパスタのよう」な替え玉は
ソースが主役。多彩な組み合わせで、
来店客の8割が注文

牡蠣のソース

煮干油

海老とトマトバジル

一見するとパスタのような「和える替え玉」。ラーメンに追加する麺（替え玉）を、まったく別のソース仕立てで提供する。メニューは常時5〜7品で、価格は290〜400円台。煮干油、海老とトマトバジル、カニ味噌、あん肝、山葵クリーミィなど、ラーメンの枠にとらわれない自由な発想で人気を博す。「素材そのものを味わうような、シンプルだけど印象に残る味つけをめざしています」と伊堂寺さん。

商品仕上げ（牡蠣のソース）

01　02　03　04

替え玉のゆで時間は40秒。窪みを付けた平皿にかえしと香味油を流し、ゆで上げた麺を入れて絡める。トングで麺線をまるめて箸で取りやすいように盛り付け、食べ手がかき混ぜることを前提にソースをかけてなじませる。

牡蠣のソース
（替え玉用）

濃厚なカキのうまみと香りを閉じ込めなめらかに仕上げる

材料

カキ（冷凍） ……………… 1kg
白絞油 ……………………… 500g

1 カキを白絞油で煮る

水洗いして臭みを除いたカキを行平鍋に入れ、かぶる量の白絞油を加えて中強火にかける。かき混ぜながら加熱し、カキに火が通ったら火を止め、粗熱をとる。

ポイント

・低温の油から煮ることで身が硬くならず、臭みも出にくい

2 撹拌して乳化させる

油ごと撹拌してペースト状にする。容器に取り分けて冷蔵庫で保存。

ポイント

・白絞油とカキの水分を乳化させ、クリーミィな仕上がりに。
・カキの固形分がペースト状になるまで撹拌することで粘度を持ったソースに仕上がる。

替え玉の ソース | ソースは常時5〜7種をラインナップ。 シンプルな仕立てで、スピーディに提供

01　02

替え玉のソースは、ガツンとインパクトのある煮干油から、トマトバジルや山葵クリーミィなどの創作系まで幅広くラインナップ（写真右は、四川風辛味噌）。いずれのソースも麺によくなじむよう、濃厚かつ、なめらかに仕上げている。オペレーションも簡素化し、ゆで上げた麺はかえし、香味油、ソースで和えるだけ。粉末やトッピング類も最小限に抑えて、スピーディに提供する。

かえし | 鶏スープを引き立たせる2種を用意。 「だし感」を強めて、クリアなうまみを追求する

白醤油のかえし

深み鶏に用いるのは、さらりとした白醤油のかえし。「濃厚な鶏白湯スープを支えるため、だし感を強めて味の輪郭を際立たせる」と伊堂寺さん。今なおレシピを更新し続ける。

醤油かえし

つけ蕎麦に用いる醤油のかえし。多種類をブレンドするのではなく、昆布だし、みりんと合わせたシンプルな構成。醤油のうまみ、香りが突出しすぎないようにバランスを意識し、まろやかな仕上がりに。

魅せる麺

自家製麺の技術と、仕入れ麺

和渦製麺 (和渦グループ) | つけ麺 | 950円

魅せる! ポイント

▶ 見た目、食感、味わいが異なる3種麺の合盛り
▶ 2台の製麺機を駆使した多彩な自家製麺
▶ もち系品種「もち姫」など、トレンドの希少粉を使用

形や食感、色が異なる3種の合盛り麺。
2台のマシンを駆使して小麦の個性を打ち分ける

　都内に5店舗を展開する和渦グループ。スープの直炊きや手づくりを重視し、麺も自家製に徹してきた。3号店となる「和渦製麺」では、食感や色味、形状が異なる3種の麺を一度に楽しめる合盛りのつけ麺を提供。ラーメン業界で一般的なロール式製麺機と、主にうどん店で使われるプレス式製麺機を併用しながら、さまざまな麺を打ち分ける。使用する小麦粉は4種類で、近年、業界で注目を集める「もち小麦」のむっちりとした歯ごたえを持つ平打ち麺と、焙煎小麦でブラウンの色味と香りを出す太麺を完成させた。これらの麺は"もち食感"を打ち出しながら、北海道産小麦の代表格「春よ恋」「はるゆたか」を組み合わせて、すすり心地の良さも重視している。かん水の量を通常の中華麺の半量程度に抑えることで、うどんに近いもちっとした食感を引き出した。代表の高橋宏幸さんは技術を磨きつつ、製麺インフラを整備。「ここでしか食べられないものを提供したい」という想いで、オリジナリティあふれる麺を追求し続けている。

店主　**高橋宏幸**さん

▌商品仕上げ

01　02　03
04　05　06

3種類の麺を計量。ゆで時間がそれぞれ異なるため、もっともゆで時間が長い手打ち式平打ち麺、太麺、ひもかわ麺の順に投入し、タイマーをセット。時間差で投入することで、ゆで上がりが同じタイミングになるように調整する。この間にチャーシューをカット。ゆで上がったら、テボざるごと氷水で締めて盛り付ける。つけ汁は白湯スープにかえし、鶏油を合わせてから電子レンジへ。600Wで1分間ほど加熱することで乳化させ、冷めにくくして提供する。

店舗DATA

東京都大田区南蒲田1-22-12
https://x.com/wakaseimen/

営業時間
7:00〜15:00
17:00〜20:30
定休日：火曜日

「つけ麺」の構成

平打ち麺（自家製）	120g
太麺（　〃　）	120g
ひもかわ麺（　〃　）	40g

つけ汁

白湯スープ	180ml
かえし	28ml
鶏油	20ml
トッピング	チャーシュー、メンマ、ネギ、カットレモン

手打ち式平打ち麺

材料

はるゆたか（平和製粉）	4000g
もち姫（平和製粉）	2000g
水	2700g
本みりん	30g
粉末かん水	30g
塩	60g

加水率　45%

製麺機

左が「リッチメンⅠ型 10kgミキサータイプ」、右が「スーパー若大将 8kgミキサータイプ」（いずれも大和製作所）。

もち系小麦を使った平打ち麺。
本みりんで粉の甘みを引き出す

　同店の主力となる麺で、中華そばなどもこの麺を使用。コシを出すためうどん用の製麺機を使い、念入りなプレス工程を経ることで、特徴的な食感を創出。さらに小麦本来の甘さを引き出すために本みりんを加えている。「もち姫」ならではの歯ごたえとコシはありつつ、誰にでも食べやすく、のど越しのよさが特徴。このもち姫に限らず、国産小麦のブランド粉はラーメン業界以外でも人気が加熱しており、使用するだけでなく「どう生かして、何を表現するか」が求められる段階に入っている。

1 計量

水に本みりん、粉末かん水、塩を合わせて練り水をつくる。小麦粉を計量する。

ポイント

・水は「粉がなじみやすい」という考えから、π（パイ）ウォーターを使用。
・本みりんは麺にほのかな甘みを出す。

2 ミキシング

主にうどん店などで使われる製麺機「スーパー若大将」のミキサーに粉と練り水を入れて10分間ミキシング。全体に水分が行き渡っていることを確認し、プレス工程に移る。

ポイント

・ミキシングが充分にできていれば、グルテンがつながっていて手で練れないほどの固さになる。手打ち麺で感覚を覚えておくと、ミキシング後の理想的な生地のイメージも描きやすい。

3 プレス

ミキシング後の生地を大まかにブロックに分けてプレス機にセット。手で形を整えてからプレスをかける。延し終わったら折りたたみ、向きを変えて再度プレスをかける。プレスの工程は計3回。

4 延し

01

02

03

04

プレス後の生地を4つにカットし、打ち粉を振る。切り分けた生地のブロック2つごとにローラーにかける。厚さが均等になるように手で形を整えつつ、段階的に厚さを下げながら計5回ローラーにかけ、最終的に2.5mm程度の厚さに延ばす。

ポイント

・打ち粉をまんべんなく振っておくことで、生地への力のかかりが不均等になるのを防ぎ、最終的になめらかな口あたりに仕上がる。

5 カット

01

02

03

04

延しが終わった生地をセットしてカッターで切り出す。太さは約4mm。切り出した麺は打ち粉を振ってケースに収め、ビニールをかけて冷蔵庫で保管する。1日程度ねかせる。

ポイント

・打ち立ての麺はかん水から発生する炭酸ガスが出ているため、ねかせて自然に発散させる。

・小麦の香りを生かすため、打った麺は2日以内に使いきる。

ひもかわ麺

材料

もち姫	2000g
春よ恋	1000g
水	1200g
粉末かん水	15g
塩	30g
加水率 40%	

もち小麦のつるりとした肌合い。
手切りによる幅3cmのひもかわ麺

「もち姫」と「春よ恋」を合わせて、つるりとした独特の食感と舌触りをねらった。もち小麦はゆっくり噛み締めて味わうひもかわ麺に適しており、表面のとろみとともにスープによく絡む。ひもかわ麺は加水率が低いため、ロール式製麺機を使用。包丁切りにより、機械打ちではカットできない幅広の麺に仕上げる。

太麺

材料

もち姫	5850g
焙煎小麦	150g
水	2700g
粉末かん水	60g
塩	60g
加水率 46%	

うどん用製麺機で噛みごたえを出す。
焙煎小麦で風味と色をプラス

もち小麦「もち姫」が主材料。高橋さんは業界でも早期に、もち姫に着目してきた。もち小麦はゆでることで表面のデンプン質が溶け出し、とろみのある舌触りに。中には粘り気が残り、モチモチながらしっかりとした噛みごたえになる。この太麺はグループ店「ひなり竜王」で完成させた麺。うどん用製麺機により、もち小麦の持ち味を生かしたしっかりとコシのある麺を打つことができる。独特の色と香りづけのために焙煎小麦をブレンドしている。

ひもかわ麺

1 計量・ミキシング

01 02 03 04

水に粉末かん水、塩を合わせて練り水をつくる。小麦粉を計量する。ミキサーに小麦粉を入れて30秒空回しした後、練り水を加えて10分間ミキシングする。

ポイント

・粉を適度になじませるため、空回しは30秒のみ行なう。

2 麺帯をつくる

 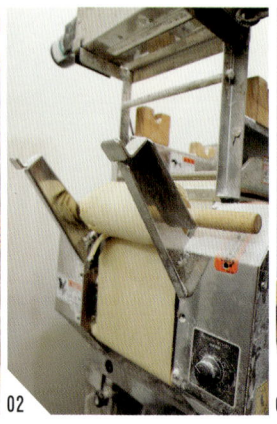  

01 02 03 04

ミキシングを終えた生地をローラーにかけて2つの麺帯をつくる。ローラーを3回かけ、生地の厚さが2mmになるまで圧延する。

ポイント

・加水率が低いため、一度のロールで薄くしすぎると生地が硬くなりやすい。このため、3度に分けて圧延する。段階を踏んで薄くすることでグルテンを壊さず、コシのある麺をねらう。

3 複合圧延

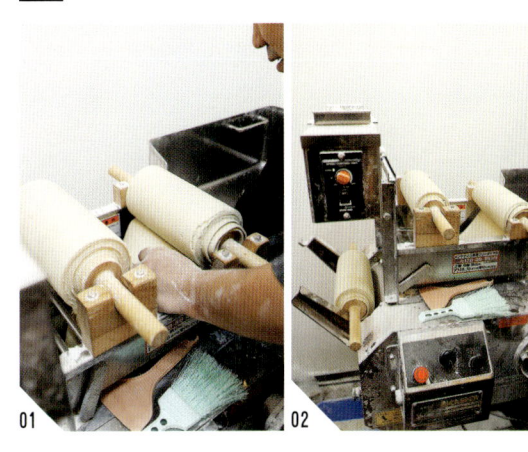

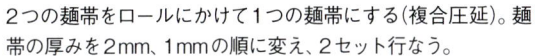

2つの麺帯をロールにかけて1つの麺帯にする(複合圧延)。麺帯の厚みを2mm、1mmの順に変え、2セット行なう。

ポ イ ン ト
・水分量が少なく生地がつながりにくいため、2回行なうことで充分に圧をかける。

4 カット

麺帯を包丁で長さ20cm、横3cm幅にカットする。容器に入れて冷蔵庫で1日ねかせる。

粉

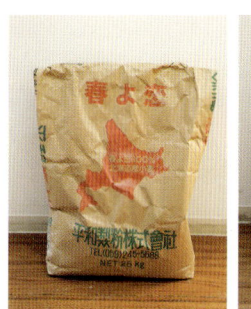 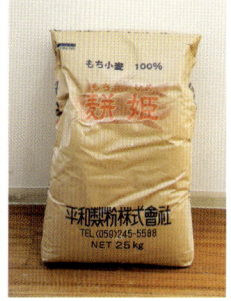
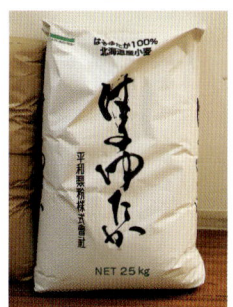 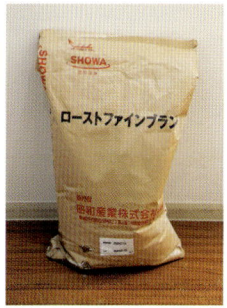

使用する小麦粉は左上から、春よ恋(平和製粉)、もち姫(平和製粉)、はるゆたか(平和製粉)、ローストファインブラン(昭和産業)。

太麺

1 計量・ミキシング

01　02

水に粉末かん水、塩を合わせて練り水をつくる。焙煎小麦を合わせて小麦粉を計量する。「スーパー若大将」のミキサーに粉を入れ、練り水を入れて10分のミキシングする。

> **ポイント**
> ・手打ち式平打ち麺と同様に、ミキシング後の生地に水が行き渡っていることを手で確認する。
> ・もち小麦が主体の麺で、歯ごたえのあるもち食感が出る。

2 プレス

01　02

ミキシング後の生地をブロックに分けてプレス機にセット。手で形を整えてからプレスをかける。終わったら折りたたみ、向きを変えてプレスすることを合計3セット行なう。

3 延し

01　02

プレス後の生地を4つにカットし、打ち粉を振る。切り分けた生地ブロック2つごとに延しをかける。厚さが均等になるように手で形を整えつつ、厚さを調整しながら4セット行なう。最終的に5mm程度の厚さをめざす。

4 カット

01　02

伸しが終わった生地をセットしてカッターで切り出す。太さは5mm程度。切り出した麺は打ち粉をふってケースに収め、ビニールをかけて冷蔵庫で保管する。1日程度ねかせてから使う。

スープ | じっくり炊いてうまみを抽出した鶏豚スープ。はじめに清湯を、二番で白湯をとる

材料

鶏ガラ	10kg
背ガラ（豚）	4kg
水	20リットル

白湯スープはつけ麺用として一晩ねかせ、炊いた翌日に使用。一杯ごとに取り分け、レンジアップで加熱して提供する。

1 清湯スープ

寸胴に鶏ガラと豚背ガラ、水をすべて入れて強火にかける。沸いたら弱火に調整して8時間炊く。粗熱をとり、冷やして保存。これを漉して中華そば用の澄んだ清湯スープとする。

2 白湯スープ

01　02

清湯スープを炊いた後の材料を寸胴に戻し、新たに水を加えて強火にかける。鶏ガラや背ガラをよく混ぜ潰しながら5時間炊き、白湯スープに仕上げる（写真は白湯スープを炊いて5時間後の状態）。炊き上がった白湯スープを網目の粗いザルで漉す。水を張ったシンクに浸けて粗熱をとった後、冷蔵庫で保管する。

> **ポイント**
> ・清湯スープはペーパーを用いて漉すが、白湯スープは網ザルを使うことで、若干の雑味をスープに残す。「白湯は雑味もある程度加えることで食べごたえが出る」という考え。

かえし | 生揚げ醤油の香りと魚介のうまみを融合

国産大豆と国産小麦を100％使用した日本一生揚げ醤油（岡直三郎商店）を使用。生揚げ醤油をベースに乾物や魚介素材を加えて仕上げる。火入れは中火で70℃まで加熱後、温度をキープ。この工程で香りを立たせつつ、味に深みを出す。30分後に強火で沸き立たせて完成。粗熱をとってから冷蔵庫で保存する。

あいだや
（小池グループ）

味玉つけめん
つけ汁2種（海老ワンタン3個別売）

1400円

魅せる！ポイント

▶ 選べるつけ汁とモチモチの自家製麺で差別化
▶ スープと麺はCK製造。狭小店舗でも高クオリティ
▶ "映える"サイドメニューで新規客を獲得

自社一括製造で理想の麺を追求。
1等粉のブレンドで麺肌のなめらかさを引き出す

2013年創業の「らぁめん小池」を本店とし、都内に8店舗を展開する小池グループ。2019年にオープンした3号店「キング製麺」から自家製麺を導入し、現在はセントラルキッチンでグループの麺を一括して打つ。中でも、麺の魅力を存分に堪能できるのが東京・御徒町の「あいだや」。こちらのつけ麺は、弾力がありつつシルキーなのど越しの麺を4種類のつけ汁から選んで合わせる仕様だ。グループ代表の水原裕満さんは、手打ちうどんを学んで小麦の奥深さを知り、国内外の粉を探求してきた。あいだやの麺は柄木田製粉の「特天龍」と「AW-1」、ニップンの「宝いずみ」を独自の配合でブレンド。粉は灰分含有量の少ない1等粉に統一することで仕上がりの舌触りを向上。「噛みごたえと食べごたえがありつつ、するするとのど越しの良い麺」をめざしている。「粉の配合でベストな麺をつくる」という考えから、塩やかん水は汎用品を採用。製麺技術をシンプルに突き詰め、小麦粉麺の魅力を最大限に引き出していく。

小池グループ代表 **水原裕満**さん

▌商品仕上げ

01　02　03
04　05　06

麺のゆで時間は7分。狭小厨房ながらていねいに麺を洗い、しっかりと水で締めて水きりして盛り付ける。「あいだや」はグループの2軒目となるつけ麺専門店。これまで「2つに畳んで横たえる」スタイルでつけ麺を提供してきたが、ここでは平皿を採用し、麺を巻いて盛るスタイルを完成させた。中央にチャーシューを巻いてのせ、アイキャッチとしている。つけ汁はブレンダーで撹拌して、なめらかな口あたりに仕上げる。

店舗DATA
東京都台東区上野6-1-6
御徒町グリーンハイツ1階
https://ramenkoike.com/
https://x.com/aidaya_/

営業時間
11:00〜15:00
17:30〜20:45
定休日：不定休（食べログで告知）

「味玉つけめん」の構成

麺（自家製）	200g

つけ汁	
スープ	150ml
かえし	20〜25ml
香味油	0〜15ml
トッピング	チャーシュー計60g（豚肩ロース、豚バラ、鴨）、味玉、ネギ

つけめん用麺

材料（分量非公開）
AW-1（柄木田製粉）
特天龍（柄木田製粉）
宝いずみ（nippn）
水
粉末かん水
食塩
加水率 40%

▌製麺機

製麺機は「マイティー50」。ラーメン産業展の会場で、製麺機メーカー各社に徹底的に質問を重ね、営業担当者の知見が際立っていた品川麺機をパートナーに選定した。

つけ麺用に開発した存在感のあるツルモチ麺。
3種類の1等粉をブレンドする

　8店舗を構える小池グループは、セントラルキッチンで合計5種類の麺を打っている。水原代表が「あいだや」の麺でベンチマークしたのは老舗の「目白丸長」。「噛みごたえがありつつ、するするとすすれる麺」をめざした。タイプの異なる4種のつけ汁と麺を合わせることを想定し、3種の小麦粉をブレンド。準強力粉の「特天龍」をベースにすることで、つけ麺らしいしなやかさと、どんなつけ汁にも合う汎用性の高い麺が完成した。さらに、主にうどんに用いられる中力粉の「チクゴイズミ」「AW-1」を合わせてねばりを出している。

1 計量・空回し

3種類の小麦粉を計量し、ミキサーに入れて粉だけで1〜2分間撹拌する。製麺を担当するのは、水原代表の実弟である水原清照(きよあき)さん。

2 ミキシング

前日に合わせて冷蔵庫で冷やした水と粉末かん水を加える。季節によって2〜10分撹拌して粉に水分を行き渡らせる。

> **ポイント**
> ・「添加物はこだわりすぎることなく、粉の配合でベストな麺をつくる」という考えから、塩は一般的な並塩。溶けやすいモンゴル産の粉末かん水を採用。
> ・ミキシングではまんべんなく吸水させることで、ブレンドした小麦粉の特徴を出しやすくする。水はムラなく回るように段階的に加えていく。

3 バラがけ

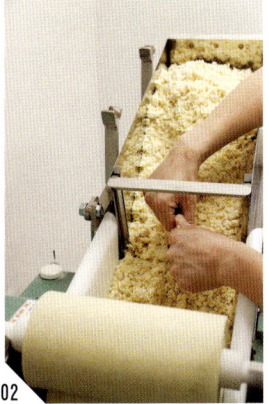

ミキシングを終えた生地をロールにかけ、2つの麺帯をつくる。

> **ポイント**
> ・生地はゆっくりと圧をかけた方がつながりやすいという考えから、ローラーのスピードは低速に設定。

4 複合圧延

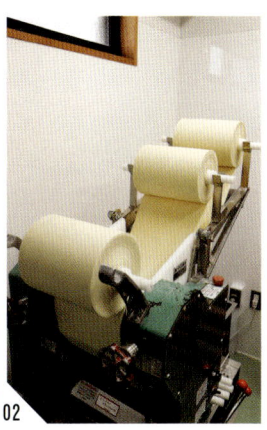

2つの麺帯をロールにかけて合わせ、1つの麺帯をつくる。これを2回くり返す。

> **ポイント**
> ・1つの麺帯ができたら、すぐに切り出し工程に移る。熟成時間をおかないのは、麺帯を複数つくるとねかせる時間が均一にできず、品質がブレやすいため。

5 切り出し

01 02

でき上がった麺帯を14番の切り刃に通してカットする。1玉ず
つ束ねて紙を敷いた箱に移す。

6 保管・店舗配送

01 02

セントラルキッチンの大型冷蔵庫で保管し、製麺した翌日に店
舗に配送する。

大型冷蔵機器を備えた小池グループのセントラルキッチン。
スープ類を炊く厨房は写真左手前側に、製麺室はこの右手奥
にある。幹線道路に面したマンションの1階部分に立地してお
り、都内各店への配送拠点として利便性が高い。

粉

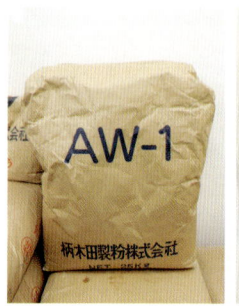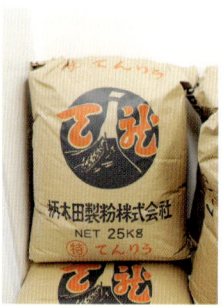

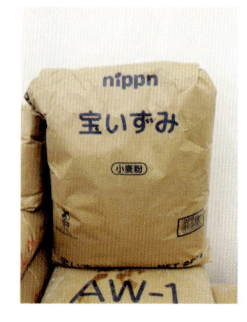

使用する小麦粉は左上から、AW-1（柄木田製粉）、特
天竜（柄木田製粉）、宝いずみ（nippn）。

スープ ｜ 濃厚な鶏＋豚ベースをミキサーがけして クリーミィなつけ汁に仕上げる

材料（分量非公開）

鶏ガラ
ゲンコツ（豚）
背ガラ（豚）
モミジ
腹脂
水

1 スープ1日目 （強火で炊く）

写真は前日に炊いた鶏豚スープ。寸胴にゲンコツ、背ガラを入れて強火にかける。沸いたら鶏ガラ、腹脂、モミジを加える。沸騰後は3時間ほど強火で炊き、弱火で保温。途中で水を足したりせず、夜に火を落として一晩ねかせる。

ポイント

- スープは系列の「こいけのいえけい」と「あいだや」共通のレシピ。
- 冷凍の鶏ガラは、一度に入れると寸胴内で対流しなくなるため5kgずつ投入する。
- 加熱中は適度にかき混ぜるがアクは取らず、水も足さない。
- スープは奥行きを出すねらいで一晩ねかせる。

2 スープ2日目 （ミキサーがけ）

01　02

翌日、骨などを取り去って漉した後に火にかけ、沸騰させる。再沸騰後にミキサー（大型ブレンダー）にかけて、油脂分と液体分をしっかり乳化させる。

ポイント

- ミキサーをかけるのは油脂と液体を均一にするのがねらい。ゼラチン質が均一に溶け込むことでスープの口あたりがマイルドになる。
- 鶏と豚がメインだが、ミキサーがけでとろみを出すことでガッツリ系のように重すぎない仕上がりに。

3 専用機で漉す

01　02

ミキサーをかけたスープは、遠心分離方式の電動漉し機「こし太郎」を用いて無駄なく漉しとる。電動漉し機では、ほぼ水分が残らないほど漉しとることができる。

4 冷却

スープは小分けにしてチラーで冷却後、冷蔵庫でねかせておき、店舗には翌日配送する。

セントラルキッチンから店舗に配送されたスープは、細かい網で漉し、口あたりをさらになめらかにする。

ポイント

- 電動漉し機を用いることで作業をスピードアップ。1つの寸胴の漉し作業は30分程度で終えられ、小分けしてもばらつきが出ず、均一の濃度に仕上げられるメリットも。

かえしと香味油

かえし

豚骨魚介油

海老油

担担 練り胡麻

担担 ラー油

あいだや

かえしと香味油

4種のつけ汁に使うかえしと香味油など。

「豚骨魚介」のかえしは、濃口醤油と淡口醤油をブレンドした甘じょっぱいニュアンス。甘さと塩辛さを重層的に足して、白絞油にさば・宗田鰹の香りを移した豚骨魚介油で魚介の香りを立たせ、仕上げに豚骨魚介つけ麺の名店「くり山」から仕入れた魚粉を振る。

「にんにく醤油」は、かえしとスープを小鍋で温め、ブレンダーをかけてからきざみニンニクとコショウを合わせる。ニンニクの香りを効かせつつ、甘さは控えめに調整。

「海老」はビスクをイメージし、甲殻類の香りとパンチを前面に出してトマトで後口をさわやかに。

「担担」は芝麻醬とラー油を合わせて、ゴマの風味とピリッとした辛味に仕上げた。卓上の花椒と合わせると香りがさらに際立つ。

つけめん(p.72)のつけ汁は、「豚骨魚介」、「海老」、「にんにく醤油」、「担担(たんたん)」の4種から選べる。

麺や 福はら　細麺（16番）

材料

小麦粉	計10kg
（内訳）	
福飛鳥（奈良・旭製粉）	3.5kg
京小麦（京都・井澤製粉）	3kg
宝笠異人館	
（兵庫・増田製粉所）	2kg
淡海人（日清製粉 滋賀県産	
びわほなみ100%）	1.5kg
液体卵白	1.5kg
かん水液	2100ml
（前もって合わせておく）	
粉末かん水（蒙古王）	500g
塩	600g
水	10リットル

加水率 36%

▌製麺機

製麺機は、「小型ロール製麺機10kg ミキサー　RMT」(不二精機)。製麺室(右)のうち、粉の保管場所は夏も室温28℃以下に調整。粉の品質管理を徹底する。

近畿圏の小麦を4種ブレンド。
芳醇なスープに寄り添う風味豊かな麺

　本店「麺や 福はら」の主力メニュー「芳醇鶏そば」には、淡麗系スープに合う16番の細麺を、「濃厚魚介ラーメン」などの濃厚系には14番の中太麺(p.96)を用いる。いずれもストレートでちぢれを加えず、すすりやすい麺をめざした。細麺は近畿圏内の小麦粉のみを4種ブレンドして使用。薄力粉の「福飛鳥」(奈良・旭製粉)と「宝笠異人館」(兵庫・増田製粉所)を基軸に歯切れの良さを出し、さらに中力粉の「淡海人」(日清製粉)と強力粉の「京小麦」(京都・井澤製粉)をブレンド。しなやかさも強化している。「滋賀県産のびわほなみを100%使った『淡海人』と出合い、ベストの麺が完成しました」と福原さん。

1　準備と空回し

01 / 02 / 03 / 04

合わせておいた小麦粉をミキサーに入れ、5分間撹拌する。5分の空回しが終わった後で水とかん水、液体卵白を加え、10分間撹拌する。水とかん水は前日に合わせて冷蔵庫に入れ、5℃で保管しておく。

ポイント

・常温で保管している小麦粉に常温のかん水・水を合わせると製麺時に熱が発生し、だれやすい生地になる。製麺時のコンディションを一定に保つため、かん水と合わせた水は同じルーティンで必ず冷やしておく。

・卵白は生地のタンパク質を増すのがねらい。全卵は腐敗やサルモネラ菌のリスクがあり、粉末状の卵白ではフレッシュな質感が出ず、比重も変化してしまう。このため液体の卵白を使用する。

2　ミキシング、バラがけ

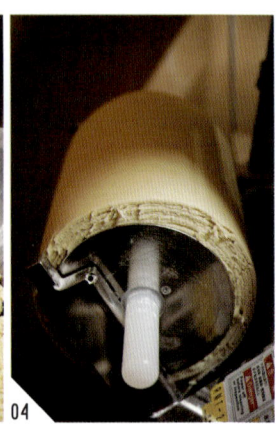

01 / 02 / 03 / 04

ミキシングは10分間。この途中で適宜ミキサーを止め、ミキサーの内側や羽についた生地を取り払い、ダマを手でほぐす。国産小麦はダマができやすい場合があるので、粉の性質や状態をよく見極めることが重要。ミキシングを終えた生地をロールにかけて麺帯にしていく（バラがけ）。

ポイント

・製麺機が工程ごとに自動で厚みを設定するため、ボタン操作でバラがけ工程を進行でき、麺帯のロール幅を個別に調整する必要はない。

3 複合圧延、切り出し

01

02

03

麺帯を半分にカットして2つの麺帯を作る。それらをロールにかけて合わせ、1つの麺帯にする(複合圧延)。できあがった麺帯を16番の切り刃に通し、麺を切り出す。

ポイント

・セントラルキッチンでは複数店舗の麺を打っている。このため、使用する小麦粉が混ざらないように注意深くミキサーを取り扱い、製麺前後の掃除も入念に行なう。

4 玉取り、熟成

01

02

カットした麺は打ち粉をふりながら1玉ずつ束ねて箱に移す(玉取り)。小麦粉袋を箱の下に敷いておき、上にはタオルをかぶせて冷蔵庫で保管する。

ポイント

・玉取りは麺から出る微細な切れ端を慎重に取り除きながら行なう。

・麺を冷蔵すると水分が出てくるため、吸水用のタオルをかぶせた状態で保管する。

・冷蔵庫で保管した麺は最低2日おいてから店舗に運ぶ。余分な水分を出し、ゆで上がり時に最適な食感をめざす。

粉

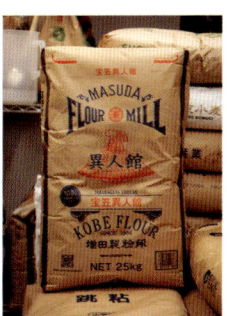
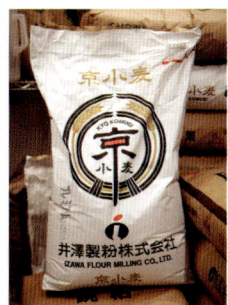

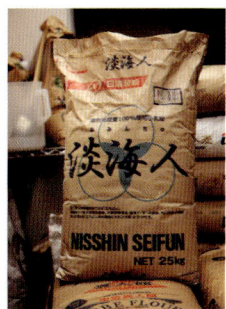

使用する小麦粉は左上から、宝笠異人館(兵庫・増田製粉所)、京小麦(京都・井澤製粉)、福飛鳥(奈良・旭製粉)、淡海人(日清製粉／滋賀県産びわほなみ100%)。

細麺

材料

小麦粉	計10kg
虹(前田食品)	
大黒(前田食品)	
水	3.6kg
粉末かん水、食塩	計100g
乾燥卵白	分量非公開

加水率　37%

| 製麺機

大和製作所の「リッチメンⅠ型
10kgミキサータイプ」を使用。

安定感のあるブレンド粉2種を合わせた
しっとりして歯切れのよい麺

　ラーメン、つけ麺で共用の麺1種を打ち、ほかにまぜそば用の太麺も打っている。信頼の置ける製粉会社から仕入れるのは2種のブレンド粉。これを店で独自に合わせ、なめらかでしっとりとした食感、後口として歯切れのよい麺の最適解を完成させた。麺の水締めの方法を変えることで、1種類の麺でも満足度の高い麺を提供できている。「とはいえ、現在の麺はつけ麺用として最適な麺なので、いずれは塩ラーメンに特化した麺も考えていきたい」と土屋さん。店では仕込みや製麺など、スタッフの労働環境を整備している最中だ。経営者として従業員の環境づくりが達成できれば、一人の職人として自家製麺をさらに追求していきたいと考えている。

1 かん水と水を合わせる

01 02

冷蔵庫で冷やしておいた水に、粉末かん水、塩を入れて混ぜ合わせる。

2 粉を計量

01 02

虹、大黒の2種の小麦粉を計量して合わせる。

3 ミキシング

01 02 03 04

計量した粉をミキサーに入れる。軽く空回ししてなじませたら、粉末の卵白を水に溶いて加え、その後にかん水と食塩を加えた水を入れる。

4　生地の状態をチェック

01　02　03　04

すべての材料を入れ終わった後で生地の温度を計測する。やむを得ない場合のみ、粉や冷水を足して温度を調整。10℃に調整したらミキシングを開始。5分後に生地の様子をチェックして、必要に応じて水和の時間をおく。チェック後に5分間撹拌し、合計で10分間ミキシングする。

ポイント

・低温保存と常温保存の小麦粉、冷やした水を合わせて、最終的に10℃になるように調整する。

・加水率が変わってくるため、粉と冷水を足す温度調整はできるだけ避ける。低温と常温の粉、冷水を合わせた段階で10℃になるバランスを見出す。

・5分後にチェックするのは生地の色味と食感。水分が充分に回っていると生地は黄色みを帯びる。10℃標準の生地温度が12〜13℃だとダマが発生しやすい。ダマがあれば適宜ほぐし、水分をなじませる「水和」の時間を10分程度とる。

5　バラがけ

01　02　03　04

ミキシングを終えた生地をロールにかけて、2つの麺帯にする。このときもダマや混ぜムラが無いかチェックして状態を確認する。最終的な生地の厚さは2mmが目安。ミキサー部分の清掃は入念に行なう。

6 複合圧延

  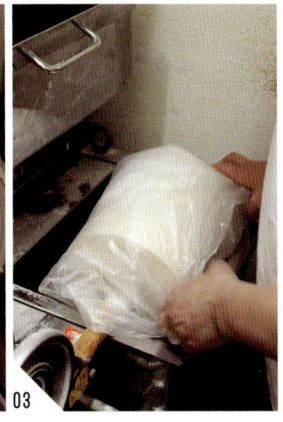 

01 　02 　03 　04

2つの麺帯をロールにかけて1つの麺帯にする（複合圧延）。この作業を2回行ない、厚さ4mmの仕上がりをめざす。ビニールで包み、そのまま30分ほど置く。やすませた後、再びロールにかけて圧延し、厚さ1mmの仕上がりをめざす。

ポイント

・麺帯の熟成によって、水分が麺帯全体になじんでいく。この時間を省略すると水分のバランスにばらつきが出て、表面に傷がつき、食感や映えに影響を与えることも。麺帯の状態で必ず手触りを確認し、ベストコンディションを触感で覚えるようにしている。

7 切り出しと熟成

 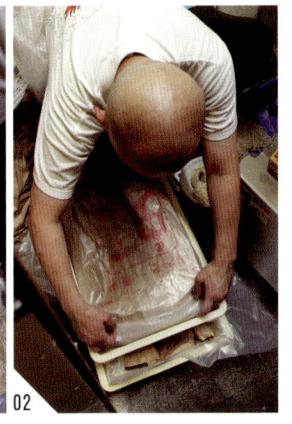

01 　02

でき上がった麺帯を24番の切り刃に通し、1玉138gずつに束ねて箱に移す。冷蔵庫で1日保管してから使用する。

ポイント

・打った麺を冷蔵庫で熟成する時間がグルテンの形成を助け、歯切れのよい食感に仕上がる。ただし、熟成するほど小麦の香りは徐々に飛んでいってしまう。トライアルをくり返して食感と香りのピークを見出し、1日の熟成期間に設定した。

粉

 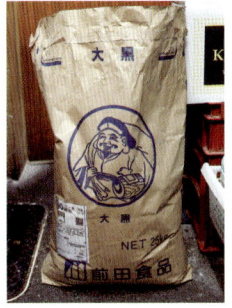

左が「虹」で北海道産小麦のブレンド。右が「大黒」でゆめちから、きたほなみなど北海道産小麦をブレンド。どちらも前田食品製。

らーめん用麺

材料（分量非公開）

ハナマンテンブレンド
（前田食品）

茜特（前田食品）

粉末かん水

アンデスの至宝 天日湖塩
（アルゼンチン産）

水

加水率　50％

▌製麺機

手回し式の小野式製麺機は昭和期に広く使われていたもので、近年は入手困難となっている。現在、2台目がようやく手になじんできたと言い、「手入れをして大切に使い続けていきたい」と大友さん。

手回し式製麺機で打つ、唯一無二の多加水麺。
まるで生きているような「口中で踊る」食感

「踊り食いのような、生きている麺を食べてほしい」という思いから、麺を噛んだときのダイレクトな食感を徹底的に追求。小麦の持ち味をシンプルに生かしたブレンドに加え、多加水麺を打てる小野式製麺機を採用。加水率50％程度、ブリンブリンとした食感の唯一無二の麺に仕上げている。麺は1種類で、ラーメン用は170g、つけめんは200g。つけめんは皿から箸で取りやすいようラーメンよりも短めにカットしている。麺の長さは感覚的なもので、数値は設定していない。

1 計量

01

02

粉末かん水、塩、水を計量し、容器に入れて混ぜ合わせて練り水をつくる。小麦粉2種類も計量する。

2 水回し

01

02

小麦粉を合わせたボウルに練り水を加える。粉全体に水を行き渡らせつつまとめていく。

3 練り・くくり

01

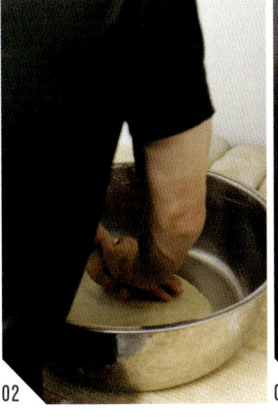
02

03

04

粉に水分がまんべんなく回ったら、両手のひらで押して圧をかけてまとめていく。ボウルに生地を押し付けつつ練っていく。表面がなめらかになってきたら一つにまとめて菊練りにし、さらになめらかさを出す。乾燥しないようにビニールで包み、そのまま30分以上ねかせる。

4 延し

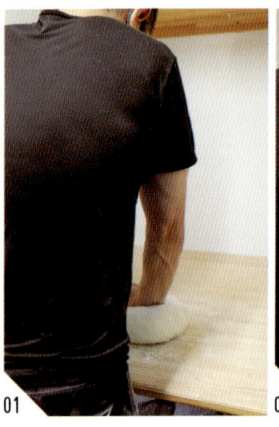
01

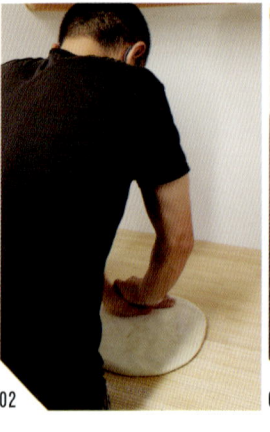
02

03

04

打ち台に打ち粉をし、生地を置く。生地の上にも少々打ち粉を振る。手のひらを重ね、真上から体重をかけて押し、生地を丸く広げていく。ある程度生地を広げたら、麺棒を使う。生地を少しずつ回して角度を変えつつ、厚みが均一になるように延していく。

ポイント

・麺棒を使う前に手のひらで延しをかける段階から、厚みを均一にするように留意。このプロセスを忘れると麺棒延しの際にも表面に凸凹が生じてしまう。

5 四つ出し

01

02

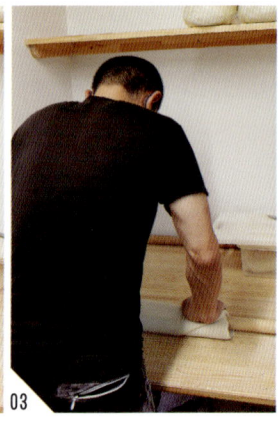
03

04

生地を麺棒で巻き取って生地を四角に整えていく。丸めてロール状にし、製麺機のカッター幅に合わせてカットする。

ポイント

・最初の延しは体重をかけやすいよう、太くて頑丈なタイプを、生地を四角にする際は長く巻き取りやすいタイプといったように、2種類の麺棒を使い分けて打つ。
・生地の厚さは数値で決めていない。経験値と感覚で、その季節にフィットする厚さに調整する。

6 製麺機で圧延、カット

01 02 03 04

手回し式の小野式製麺機で生地に圧延をかけてから切り出す。
切刃はデフォルトの1.92mm。ラーメン用、つけめんごとに長
さを変えてカット。

7 小分けして計量

01 02

切り出した麺は、打ち粉を振って軽く手もみし、1玉ごとに計
量して箱に移す。1回で打つ麺は80玉程度。その日のうちに使
いきる。

粉

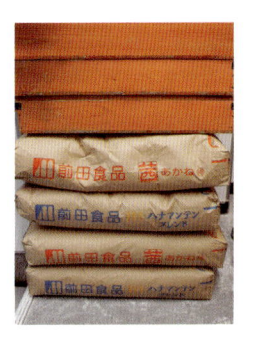

「国産小麦に強い」と評価す
る前田食品の「ハナマンテン
ブレンド」「茜特」を使用。地
元の埼玉県の製粉会社とい
うこともあり、密なコミュニ
ケーションで小麦への知識
を深めてきた。

粗挽き麺

材料

ゆめかおり	1050g
（自家製粉し、胚芽などを独自配合）	
もち姫	100g
グルテン	25g
片栗粉	25g
液体かん水	25ml
（30度のもの）	
塩	20g
水	およそ600ml

加水率 53～55%

▍製麺機

うどん用製麺機「さぬきM305型P」（左）は、ミキサー、ローリングプレス、延し、切り出しカッターがセットになったもの。右の「ローリングプレス機」は麺帯をつくる専用機。ともにさぬき麺機製。

地元産小麦を自家製紛・製麺した野趣あふれる麺。胚芽部分を加えて色と香りを引き立てる

粗挽き麺は、自家製粉（P.93）した粉を使用。地元・長野県上田産小麦の品種は「ゆめかおり」。市内の農家から1年分をまとめて購入し、玄米保冷庫で低温保管している。蕎麦文化が根強い地域で、ラーメンのうまさ、小麦のおいしさを知ってもらおうと、早くから自家製麺に取り組んできた小合沢さん。製粉後に取り除かれてしまう胚芽や外皮部分の香りや色あいを生かせないかと、自家製紛した粉に混ぜたところ手ごたえ感じたという。そこから試行錯誤を重ね、ようやく理想とする粗挽き麺が誕生した。この粗挽き麺は、つけ麺3種盛り（p.24）に使うほか、プラス50円で他のラーメンから麺のみ変更も可能だ。

▍粉

地元上田産の小麦「ゆめかおり」は籾付きのまま低温保管。

1　計量、水回し

01 02 03 04

自家製紛した粉を計量し、胚芽・外皮部分も微細に挽いて合わせる。液体かん水、塩、水を合わせて練り水を用意し、加水率53～55%を目安に粉に加える。両手で素早く混ぜ合わせていく。

ポイント

・水の総量は粉の状態や気候（湿度）によって異なるため、加水の量は目安。

・自家製紛は外皮などが含まれるため、製粉会社の小麦粉に比べるとタンパク質の量が低めになる。このため、グルテンを加えて補填する。

・もち小麦「もち姫」を加えることで、粒度の粗い粉でもしっとりとまとまる。

2　練り込み

01 02 03 04

全体に水を回し、まとまってきたら、両手で丸めて塊にしていく。棒状にまとめて、折り込んで練っていくことをくり返す。表面に照りが出てきた段階でプレス工程に移る。

ポイント

・粉全体に水分を行き渡らせることが主眼のため、この段階で圧はかけすぎない。

3 延し、ロールに巻いてねかせる

うどん用製麺機「さぬきM305型P」でプレスにかけ、「ローリングプレス機」でロール状の麺帯にまとめる。乾燥しないようにビニールをかけて1時間ねかせる。

ポイント

・製麺機のロールの溝には、青竹打ちのように、適宜に力を逃しつつ生地全体に圧力をかける効果がある。創業当初から3年ほどは、実際に青竹による手打ち麺をつくっていたため、このプロセスで圧力をかけることを意識している。
・1時間おくことでグルテンを落ち着かせる。

4 プレス

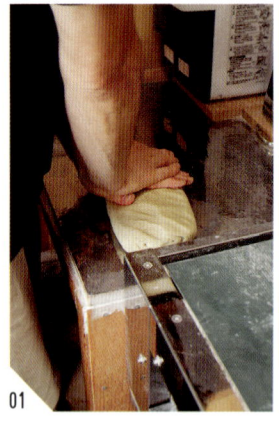

1時間ねかせた麺ロールを手で押しつぶしてから製麺機のプレスにかける。このとき蕎麦打ちの要領で縦横左右斜めとロールに通す。厚さを調整して4セットくり返し、最終的に2mm程度の厚さに仕上げる。

5 切り出しと計量

01　02　03　04

製麺機のカッターでカットし、打ち粉を振る。150gを目安に小分けし、ビニール袋に入れて冷蔵庫で保存する。

ポイント

・冷蔵庫で保存するのは2〜3日程度。打ち立ては香りが良いが、熟成によって麺のうまみが増す。ただし、通常の粉と比べると、胚芽入りは劣化が早いのでその見極めが重要。

製粉 ｜ 試行錯誤を重ねた自家製粉。自作の道具と最新機器を組み合わせる

小麦は電動製粉機「ニューこだま号 NK-S」にかけて製粉する(01)。「小麦は熱が発生してもそばのように香りが飛びにくいので、石臼挽きの優位性はさほどない」との考えだ。続いて、「電動式粉ふるい機 SN-201」で50メッシュのふるいにかける(02)。木枠とメッシュ(網)部分は小合沢さんがDIYで自作したもの(03)。ふるいに残ったフスマ部分(胚芽や表皮)にも、小麦らしい香りやうまみがあるため、製粉機では挽けないこれらの部分を強力なカッターミキサー「バイタミックス」で二度挽きする(04)。このフスマ粉を適宜加えて製麺することで麺に特徴のある質感、色相が出せる。

01　02　03　04

メッシュに残ったフスマ分(手前)と、それをバイタミックスで微粉に挽いたもの(奥)。

近年、麺線の美しさを追求するアプローチや、つけ麺のように麺そのものの味わいを打ち出したメニューが注目されている。スープの技術が成熟した現在、麺の品質向上が新たな競争軸となり、製麺所や自家製麺の技術革新が加速中だ。ここでは、掲載店が使用する麺を一覧で紹介。各店がめざす味に迫る。

NOUILLES JAPONAISE とくいち

フスマ入り低加水麺

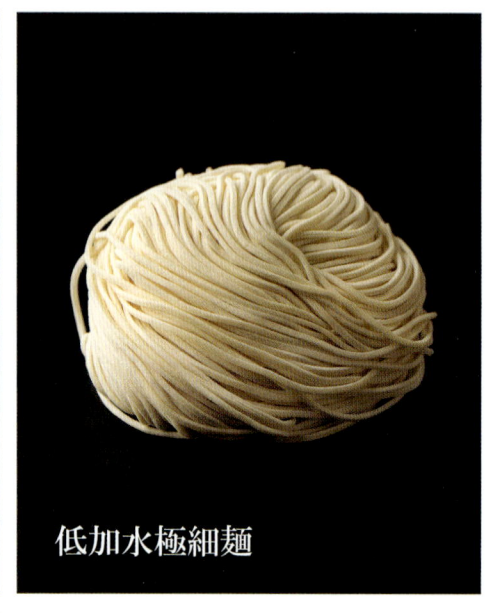

低加水極細麺

焙煎小麦極太麺

「とくいち」では、すべての麺を北海道旭川市の老舗製麺所「須藤製麺」から仕入れる。オーナーシェフの磯部拓也さん、メニュー監修の「Le Musée」石井誠シェフ、須藤製麺代表の須藤雄一さんがチームを組み、とくいちオリジナルの麺を完成させた。レギュラーメニューの特上らぁ麺 塩(p.14)に合わせるのは、加水率30%の中細のストレート麺。「すすり心地が良く、口中で香りも感じてもらいたい」と、麺は30cmと長めに調整。道産小麦2種をブレンドし、フスマも加えて風味を強化した。ジュ・ド・カナール(p.115)には、加水率24%のザクザクとした細麺を合わせる。低加水が特徴の旭川ラーメンを手がけてきた須藤製麺ならではの仕様だ。蝦夷鹿のジュ(p.115)には濃厚な味噌のスープに負けない道産小麦のキタノカオリを主にした極太麺を採用。焙煎小麦を配合して、麺からも香ばしさが立ち上る。

濃厚なスープと泡を
受け止める極太麺。

茅堂寺 ～いどうじ～

細麺

太麺

修業先である「鬼者語(おにものがたり)」が運営する「JAPAN NOODLE」から国産小麦使用の麺を仕入れる。細麺は、深み鶏(濃厚)(p.54)などのラーメン類と替え玉に、太麺はつけ蕎麦(p.117)に使用する。加水率は細麺が32％、太麺が36％で、夏季(4～10月)は低めに、それ以外の季節は高めに調整。濃度の高い鶏白湯スープに食感のアクセントを付けるため、細麺は歯切れの良さを意識する。他方、茶色みがかった太麺はもっちりとした歯ざわりが特徴で1玉300g。鶏白湯に魚粉でインパクトを出したつけ汁とのマッチングを見据えた、力強い仕上がりだ。

つけ蕎麦には茶色みがかった太麺を合わせる。

らーめん飛粋

中太麺

家系ラーメンの代名詞とも言える「酒井製麺」から仕入れる。ややウェーブのかかった中太麺は1玉160g。ラーメン(p.30)、ちーゆそば(p.116)、ほかの全メニューをこの1種で提供。「万人にすすりやすい太さと長さで、のど越しの良さも気に入っています」と、店主の小泉裕太さん。

卵黄に絡めても負けないコシの強さ。

麺や 福はら

中太麺

グループ5店舗で使う全8種類の麺は、セントラルキッチンで打ち分けている。本店「麺や 福はら」の濃厚魚介ラーメン(p.116)に用いる中太麺は、京都府の「せときらら」をメインに複数の粉を使用。濃厚系ラーメンに負けない風味、小麦の香りを引き出している。麺はしっかりと「ゆできって」提供するのがグループのモットー。しなやかな食感と、小麦本来の甘みを感じられるように仕上げている。「麺線などビジュアルも追求していますが、麺に求めるのは150gというボリュームを最後まで食べきってもらえる麺の力強さ。小麦粉の選定とブレンドが生命線になっています」と福原さん。

濃厚魚介ラーメンに合わせて開発した中太麺。

らーめん かねかつ

「踊り食いのような、生きている麺を食べてほしい」という思いから、麺を噛んだときのダイレクトな食感を徹底的に追求し、多加水麺を打てる小野式製麺機を採用。加水率50%程度、プリンプリンとした食感の唯一無二の麺に仕上げている。麺は1種類で、ゆで時間はらーめんとあぶらそばが3分前後、つけめんは5〜6分間。麺の状態によりゆで時間が変わるので厳密には決めていない。

つけめん用

拉麺酒房 熊人

細麺

中太麺

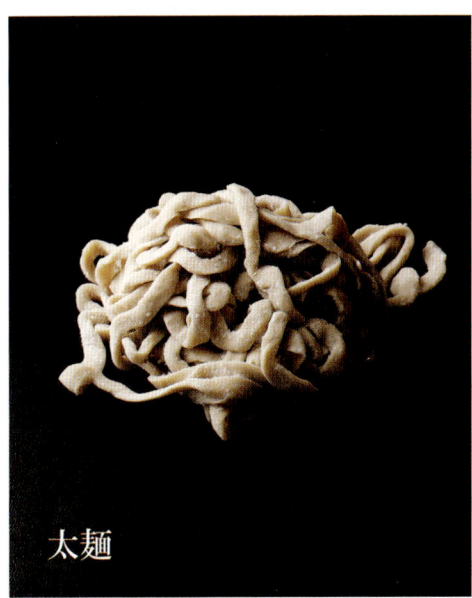

太麺

複数種の麺を100％自家製麺する「熊人」では、限定を加えると年間では数十種もの麺を打つ。ここで紹介するのはレギュラーメニュー用。細麺は醤油拉麺とひしお醤油（p.120）に、中太麺は鶏白湯（p.120）、太麺は味噌拉麺と使い分ける。お好みにより麺は変更可能で、粗挽き麺（p.90）のみ＋50円となる。細麺と中太麺にはかん水を多めに配合し、やや硬めの食感で歯切れよく仕上げた。太麺に使用するかん水は細麺や中太麺の約半量で、もっちりとしたやわらかい食感に調整。粗挽き麺には自家製粉した地元産の小麦を使用し、小麦の香りとうまみを最大限に引き出している。

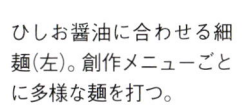

ひしお醤油に合わせる細麺(左)。創作メニューごとに多様な麺を打つ。

唯一無二のらぁ麺専門店 イ袋ワシづかみ

醤油らぁ麺用（ちぢれ麺）

醤油豚骨白湯らぁ麺用

まぜそば用

　レギュラーメニューと限定で常時6〜7種をそろえる麺は、すべて京都の「麺屋棣鄂」から仕入れている。醤油らぁ麺（p.42）には18番の平打ち麺。これは新潟の燕三条系、荻窪ラーメンの春木屋、ラーメン二郎という異なる3タイプを融合させたイメージ。当初は燕三条系の多加水タイプを想定していたが、棣鄂のカスタム麺を試作するうち、「やや芯が残りつつ、粉っぽさを感じる」低加水麺に行き着いたという。加水率は試行錯誤し、現在は35％で落ち着いている。豚骨白湯らぁ麺（p.118）は16番の丸刃で切り出した中太のウェーブ麺で、泡系のスープによく絡むように調整。まぜそば（p.118）は12番でストレート、ポクポクした歯ごたえで麺をしっかり味わうことを意図している。一貫して、関西圏の食べ手に新鮮に感じてもらえるメニューづくり、麺選びが特徴となっている。

ちぢれ麺が煮干しスープを引き立てる。

「麺屋棣鄂」の麺

製麺技術の向上とインフラの設備投資を進め、200種類以上の麺を生み出してきた麺屋棣鄂。ここでは、独創的な「ウイング麺」「サンダー麺」をはじめ、同社の技術が発揮された10種の麺を紹介する。

つけ麺 ST 14M

「京都千丸 しゃかりき」と1年の試行錯誤を重ねて完成した、関西初のつけそば専用麺。北海道産の小麦粉をブレンドし、モチッとした食感と口どけのよさを実現。濃厚なスープに負けない中太麺で濃厚豚骨や鶏白湯のラーメンにも合う。

博多極細 低加水 SH30

低加水の極細麺で、博多豚骨ラーメンに特化して開発された。歯切れの良さとニチャつきのない食感が特徴で、濃厚な豚骨スープとマッチする。ゆで時間は30秒〜1分と非常に短く、替え玉にも適しており、スピーディに提供できる。

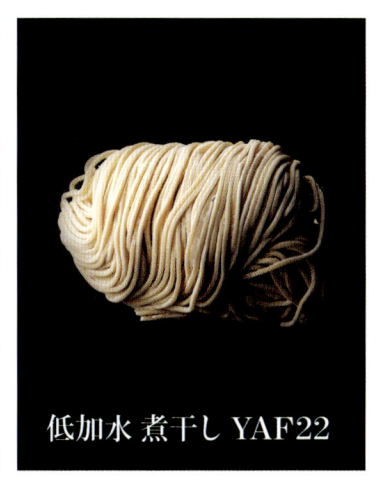

低加水 煮干し YAF22

低加水の中太麺で、煮干し系スープの味わいを引き立てる設計。硬めの食感と歯切れの良さが特徴で、ストレート形状がスープとの絡みに最適な仕上げ。ザクザクした舌触りで、煮干しの風味を最大限に活かすメニューに。

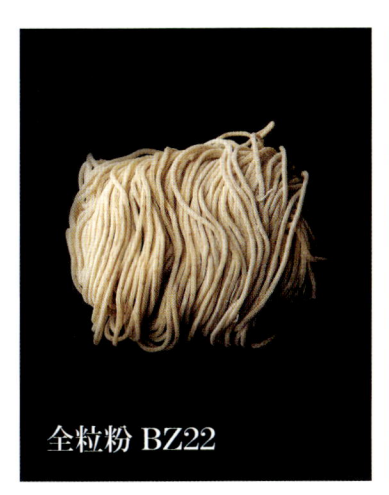

全粒粉 BZ22

全粒粉を使用した細麺で、日本そばのようなややくすんだ色味と独特のざらつきが特徴。歯切れの良さとつるんとしたなめらかなのど越しを併せ持ち、鶏清湯ラーメンや淡麗つけ麺にマッチする。上品さを感じさせる仕上がりだ。

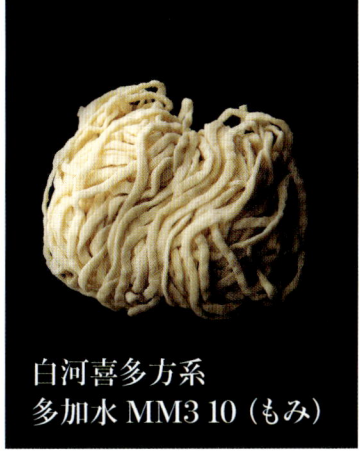

白河喜多方系 多加水 MM3 10（もみ）

喜多方ラーメンは加水率40%を超える熟成多加水麺で、白河ラーメンは手打ちによるコシのある麺が特徴。それらにフィットするように開発した多加水の平打ち太麺だ。手もみ風のウェーブをかけ、スープをしっかり絡める設計となっている。

「麺屋棣鄂」の麺

無かんすい Men12

国産小麦を主体に、かん水を使わず卵白を配合して仕上げた丸刃麺。低加水ながら、モチモチとした食感となめらかなのど越しに仕上げている。ラーメンやつけ麺はもちろん、焼きそばなど幅広いメニューに対応可能な、汎用性の高い一品。

手もみ麺12（もみ）

ウェーブをかけた「手もみ風麺」のカテゴリーにも複数品があり、その中でも喜多方ラーメンや味噌ラーメンに適した多加水の太麺。12番という太さながら、やわらかくモチモチとした食感で、ゆるやかなちぢれがスープと絶妙に絡む。

ウイング麺MTRウイング

同社オリジナルのユニークな一品。独自に開発した切り刃で切り出した麺は断面が凸型となり、ゆで上がると独特のねじれが生じる設計。食感と絡みのバランスを追求しており、スープとの絡みが絶妙。豊かな味わいを引き出す。

サンダー麺16（もみ）

同社は東北のラーメン文化をリスペクトし、多くのオマージュ麺を手がけてきた。この麺も、山形県の「ケンちゃんラーメン」をモチーフにしており、多加水の平打ち麺にランダムなちぢれを施すことで、躍るような楽しい食感を打ち出している。

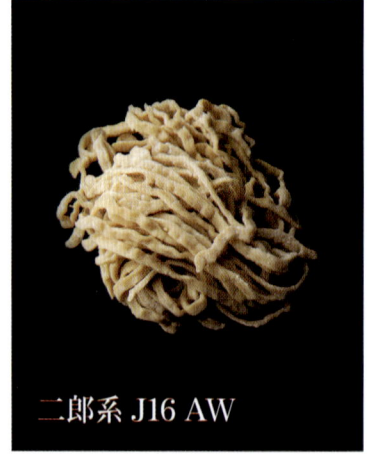

二郎系 J16 AW

二郎系ラーメン用に開発したちぢれ太麺。中加水でやや短めに設計し、食べやすさを重視。小麦の風味を引き立てた力強い味わいが特徴的だ。「縦切り（逆切り）」で麺の厚みを幅より厚く仕上げ、独特の食感と存在感を生み出している。

魅せるトッピングと
メニューバリエーション

豚・鶏チャーシューと、その他の具材

チャーシュー、煮豚など

らーめん飛粋
モモチャーシュー

信頼できる業者から仕入れる国産豚モモ肉を使用。脂身などを除いて整形し、釜焼き器に入れる。釜焼き器は中強火にかけ、煙が出たら弱火にして、着火してから75分後に肉を取り出す。そのままかえしに漬け込んで完成。冷蔵庫で保存し、注文ごとにスライサーで切り分けて提供する。

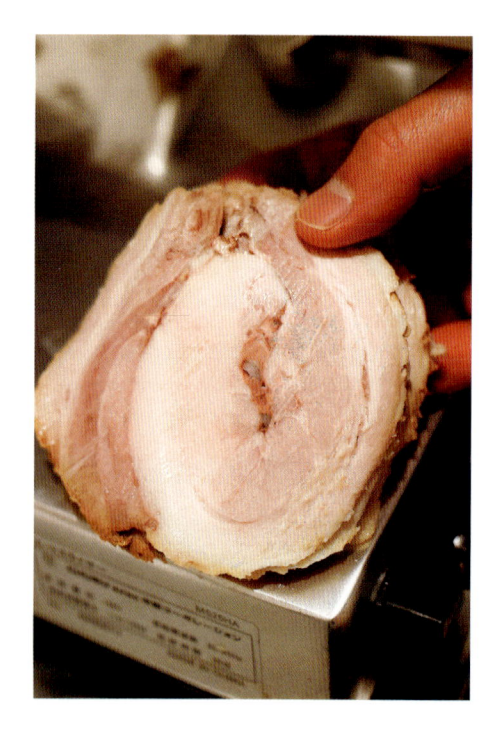

らーめん飛粋
バラチャーシュー

バラ肉も同じく国産豚を使用。ロールに巻いて整形し、2日目のスープ（p.33）の寸胴で煮込んでから、モモ肉と同じかえしに漬け込む。1日冷蔵庫でねかせて翌日に使用する。ねかせることで味をなじませつつ、しっとりとした食感に仕上がる。

芽堂寺
釜焼き豚チャーシュー

モモ肉の下部にあたる脚肉を使用。しっとりしつつも程よく筋繊維が発達し、肉の質感が強めに出る部位。ブロックに切り分け、塩をすり込んでから釜焼き器に吊るす。釜焼き器は中強火にかけ、煙が出たら弱火にして2時間加熱。完全に冷ましてからラップで巻いて成形し、冷蔵庫に移してやすませる。提供前にスライサーでカットし、塩を振ってバーナーで炙るというひと手間をかける。

和渦製麺
チャーシュー

岩中豚のロース肉を使う。白醤油ベースのたれに1日漬け込んでから、釜焼き器で約6時間じっくり加熱して香ばしく仕上げる。営業中は炊飯器で保温。オーダーごとにカットして提供する。

 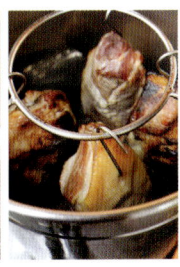 

チャーシュー、煮豚など

肩ロース

豚バラ

鴨

豚肩ロースの低温調理

肩ロース肉は低温調理器でしっとりとした食感に仕上げる。チャーシューだれに2日間漬け込んだ後、ビニール袋に入れて湯温63℃を保ち6時間加熱。袋から取り出したら、冷ましてラップで包み、冷蔵庫で1日ねかせる。きめ細かくしっとりとした食感を生かすため、スライサーで薄切りにして提供する。

豚バラの吊るし焼き

豚バラ肉は釜焼き器で吊るし焼きにする。上記の肩ロースのたれよりも甘さを強めたチャーシューだれに2日間漬け込み、味をしみ込ませる。黒コショウを振って釜焼き器に吊るして加熱。様子をみながら60〜90分ほど火入れする。こちらは釜焼きならではの香ばしさと食感を生かすため、包丁でやや厚めにカットする。

塩漬け後

燻製後

拉麺酒房 熊人
チャーシュー

地元である長野県上田のタローポーク（信州SPF）の内モモ肉を使用。はじめに1週間ほど塩漬けすることで、細胞の保水力が高まり、しっとりと仕上がる。15分ほど水にさらして塩抜きした後、桜のチップを燻した自家製の燻製器で4〜5時間ほど温燻する。さらに2週間ほど冷蔵庫で熟成させてようやく完成。熟成によりうまみが倍加する。オーダーが入ったら拍子木切りにして、鶏油を熱したフライパンで温めて提供。

ラーメン 健やか
豚チャーシュー

肩ロースの低温調理チャーシュー。肩ロースはビニール袋に包んでしっかりと空気を抜く。沸騰前の湯に袋ごと入れ、芯温63℃をキープして3時間加熱。袋から取り出して醤油だれに1日漬け込んで味をしみ込ませる。この醤油だれは「みたらし団子のたれ」をイメージしたもので、創業以来、毎日継ぎ足しと火入れを重ね、味に深みを出している。

チャーシュー、煮豚など

イ袋ワシづかみ
チャーシュー（肩ロース、バラ）

国産豚の肩ロースとバラ肉の2種を使用。余分な脂を除いたら、醤油とみりんベースのたれに漬けたまま火にかけ、70℃をキープして3時間加熱する。火からおろし、そのまま5時間ほど漬け込んで味をなじませる。でき上がったチャーシューはブロックで保存し、注文ごとにカットして、ゆで麺機の上で温めて提供する。

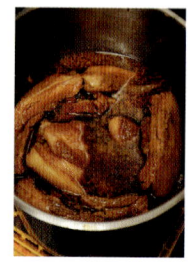

麺や 福はら
豚チャーシュー（肩ロース）

宮城県のブランド豚「JAPAN X」を使用。筋や脂を除いた肩ロースのブロックを半分にカットし、塩をすり込んで下味をつける。キッチンペーパーに包んで24時間脱水した後、真空パックに入れて芯温61℃で5時間、スチームコンベクションの低温調理で仕上げる。

とくいち
スモーク豚チャーシュー

道産豚の肩ロース肉は、塩と砂糖をすり込んで1日ねかせる。フライパンで表面に焼色をつけた後、桜のチップでスモークする。その後、真空パックに入れ、スチームコンベクションで芯温63℃に設定し、6時間加熱。冷蔵庫で落ち着かせ、翌日から使う。

らーめん かねかつ
肩ロースのソテー

イベリコの肩ロース肉は脂身などをトリミング後、1.5cm厚さに切り出して塩で下味をつけておく。オーダーが入ってからフライパンで香ばしくソテーする。イベリコ自体に脂の甘みとコクがあるので、追加の味つけはしない。

鶏チャーシューなど

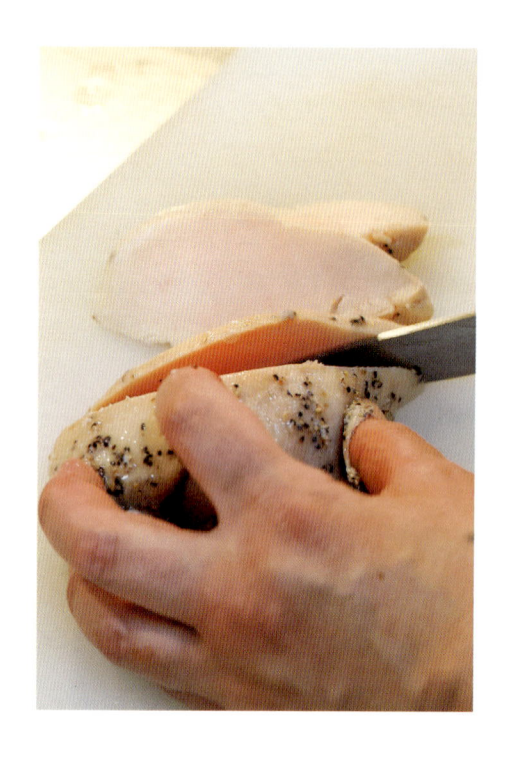

ラーメン 健やか
鶏チャーシュー

鶏ムネ肉は、皮と脂、スジを除き、塩ベースの漬け地と合わせて一つずつビニール袋に入れて空気を抜き、このまま2〜3日漬け込む。水を入れた寸胴を火にかけ、沸騰前の湯に袋ごと入れて湯温61℃を保って80分間加熱する。肉のうまみを逃さず、しっとりと仕上がる。

麺や 福はら
鶏チャーシュー

丹波若鶏のムネ肉を使用。皮と脂、スジを除いて、水分をタオルでふき取る。塩を振ってキッチンペーパーに包んで24時間ほど脱水後、真空パックに入れてスチームコンベクションで低温調理。芯温61℃で40分間加熱して、しっとりと仕上げる。

茅堂寺
鶏チャーシュー

サイズが大きくうまみの濃い、大山どりのムネ肉を使用。皮を
はがして脂やスジを取り除き、黒コショウを中心としたスパイ
スだれに5時間つける。袋にパックして湯煎で63℃を保ちなが
ら1時間ほど低温調理。2日分ずつまとめて仕込んで冷蔵保存し、
注文ごとに切り分けて提供する。

とくいち
鶏の炭火焼き

道産鶏のムネ肉を使用。塩で下味をつけ、ラップでぴっちりと
包み成形する。スチームコンベクションで芯温63℃で170分
間加熱後、粗熱をとり、冷蔵庫で落ち着かせる。翌日、表面を
炭火であぶり、香ばしさと焼き色をまとわせて提供する。

鶏チャーシューなど

らーめん かねかつ
ホロホロ鳥ムネ肉の
オイルコンフィ

ホロホロ鳥のムネ肉は、皮やスジなど取り除き、塩で下味をつけておく。肉が浸かる量のオリーブオイルを鍋に入れて熱し、90℃まで上げたら火を止める。ここにムネ肉を入れて10〜15分間ほど余熱で火入れ。ムネ肉がしっとりやわらかく仕上がったら取り出す。

らーめん かねかつ
ホロホロ鳥ササミのスモーク

ササミを切り出してバットに並べ、塩を振る。中華鍋にアルミホイルを敷き、桜チップを広げて加熱。上に網をかませて、煙が出はじめたらササミを置く。蓋をして中火を保ち、3分間ほど燻したら裏返し、さらに3分おいて取り出す。

らーめん かねかつ
ホロホロ鳥モモ肉のソテー

ホロホロ鳥のモモ肉は、イベリコ肩ロース（p.107）と同じように
にフライパンでソテーする。モモ肉はスジを切り、厚みをそろ
えるように切り開いて火の通りを均一にする。味つけは塩を振
るのみで、皮目から香ばしく焼いて余分な油を落としつつ、パ
リッとした食感をねらう。

あいだや
鴨の吊るし焼き

合鴨ロース肉を釜焼きで香ばしく仕上げる。塩とうま味調味料
を振り、釜焼き器に吊るして50分間加熱。鴨ならではの肉の
味わいと、釜焼きの香ばしさを楽しんでもらうため、ブロック
に切り分けて提供する。

その他

とくいち
蝦夷鹿の挽肉と椎茸のそぼろ

人気の限定メニュー「蝦夷鹿のジュ」には、チャーシューではなく、エゾシカの極粗挽の挽き肉でつくったそぼろを合わせる。挽き肉は塩で下味をつけ、シイタケとともにフライパンで炒める。火が通ったら干しシイタケのもどし汁を加え、さらにうまみを重ねる。

拉麺酒房 熊人
メンマ

乾燥短冊メンマを3日間水に浸けて戻す。仕上がりを確認して硬すぎたり、やわらかすぎるところを取り除きながら、一つひとつ皮をむく。白醤油、スープ、砂糖、酒を合わせて歯ごたえを残すように軽く煮含める。味をみて塩・コショウ、砂糖で味をととのえ、ごま油を合わせて完成。

らーめん飛粋
塩だし味玉

黄身の色あいが鮮やかで、味わいも濃厚な「マキシマムこいたまご」を使用。卵のゆで時間は約6分40秒間。殻をむいて、塩と昆布だしベースのたれに1日漬け込み、翌日に使用する。

あいだや
海老ワンタン

解凍した冷凍エビは、塩と重曹につけて洗い、一晩冷蔵庫内でザルに広げて脱水させる。プリプリとした食感を出すため包丁で1.5cm大にカットし、ボウルに入れて、挽き肉、調味料、きざんだショウガと長ネギを加えて10分間ほど粘りが出るまで練り混ぜる。冷蔵庫で一晩ねかせ、翌日、ワンタンの皮にのせて二つ折りにしながら、ひだをつくって包んでいく。

メニューバリエーション

本項では10店のメニューバリエーションを紹介。
曜日限定から季節商品、つけ麺、スープレス麺、ご飯ものまで、
アイデア溢れる逸品をそろえた。

らーめん かねかつ

つけめん

1100円

主力のらーめん（p.8）と同じ手打ちの多加水麺だが、つけめん用は食べやすく短めにカットし、麺量は200g。主役の麺を引き立たせるため、醤油を効かせたつけ汁はネギのみを加え、イベリコ豚肩ロースとホロホロ鳥モモ肉のソテー、胸肉のオイルコンフィは別添えする。肉を増量するお得なセットもあり。

ジュ・ド・カナール／
菊芋／液体味噌

2000 円

合鴨ロースは炭火で焼き上げ、ネギは別に鴨脂で焼いてうまみをまとわせる。スープは根昆布と鴨ガラでとり（p.18）、シグネチャーアイテムのエアー（泡）はショウガを効かせた。菊芋は味噌との相性の良さから欠かせない素材で、トッピングと香味油の両方で使用。超低加水の細麺を合わせた。

NOUILLES JAPONAISE とくいち

蝦夷鹿のジュ／
仙年味噌／菊と胡椒

1500 円

エゾシカを使った北海道らしい限定メニュー。シイタケのエアー（泡）で皿全面を覆い、菊の花を散らした華やかなビジュアル。スープは焼いた鹿骨のうまみを凝縮させ、味噌仕立てに。トッピングは野趣あふれるエゾシカ肉とシイタケのそぼろ（p.112）。焙煎小麦を用いた麺が香ばしさを引き立てる。

メニューバリエーション

飛粋、福はら、茅堂寺

らーめん飛粋

芳醇ちーゆそば

1100 円

らーめんと共通のもっちり太麺に、芳醇な鶏油の香りと濃厚な醤油かえしを絡めた汁なしタイプ。チャーシューはしっとりの豚モモに加え、サイコロ状のバラ肉をトッピング。麺と具材をしっかり混ぜることで、鶏のうまみと醤油の香りが丼全体に行き渡る。最後まで飽きさせない構成だ。

麺や 福はら

濃厚魚介ラーメン

1200 円

端正なビジュアルとは裏腹に、魚介の力強い味わいでリピートを誘う一杯。修業先である豚骨魚介系の名店「麺屋 一燈」で磨いた技術を基に、地元産の地鶏を使った鶏白湯をベースとして、かつお節、さば節、煮干しを加えてスープの味わいに厚みをもたせている。

茅堂寺

濃香つけ蕎麦

920円

主力の深み鶏（p.54）と和え玉で知られる茅堂寺
だが、国産小麦を使った太麺のつけ蕎麦も人気。
つけ汁は基本の鶏白湯にさば節などを加えたも
ので、鶏のうまみに魚介の余韻を重ねた。ワサ
ビや柚子胡椒の味変アイテムを添え、最後まで
楽しめるメニューとして完成度を高めている。

茅堂寺

帆立塩蕎麦

900円

シンプルにホタテのうまみを引き出した
限定の帆立塩蕎麦。実家が日本料理店と
いう環境で育った店主ならではの、魚介
の目利きと扱い方で、雑味や臭みを除い
て素材の香りとうまみだけを軽やかに引
き出す。低加水の細麺を合わせ、クリア
なスープとの一体感を高めた一杯。

唯一無二のらぁ麺専門店 イ袋ワシづかみ

醤油豚骨白湯らぁ麺

1000円

週3回の夜営業で、豚骨白湯の「裏胃 袋 鷲掴」ブランドとして提供。関西圏で近年話題の"泡系"ラーメンの手法を取り入れ、ブレンダーでスープを泡立て、濃厚なうまみとまったりとした口あたりに仕上げた。特別感を出すため、ひと手間かけたロールチャーシューを採用。

唯一無二のらぁ麺専門店
イ袋ワシづかみ

トリュフ香る
豚骨醤油まぜそば

1100円

こちらも「裏胃袋鷲掴」のメニューから。濃厚な豚骨醤油だれが太麺に絡むまぜそばに、薫り高いトリュフオイルを落とす。フライドオニオンの香ばしさ、紫タマネギとナッツの食感、魚粉やバラ海苔など多彩な具材をトッピングして、食べ進める楽しさを引き立てる。

特製塩ラーメン

1300 円

創業から磨き上げてきたアサリ主軸の魚貝スープ（p.50）を堪能できる一杯。スープを引き立てる塩かえしは、真昆布、干しシイタケ、ゲソや節類、煮干しなどを水出しし、じっくり火入れしたもので、繊細ながら力強い魚貝スープの輪郭を際立たせている。パツンと歯切れの良い自家製麺も好相性。

和渦製麺

中華そば

850 円

どこか懐かしい、ほっとする味わいの中華そば。鶏ガラと豚背ガラで炊いたスープに、生揚げ醤油のかえしを加え、淡麗と濃厚の中間をいくミディアムな濃度に仕上げた。ちょうどよく絡む自家製の平打ち麺を合わせ、吊るし焼きのチャーシューでスモーキーな香りを添える。

ひしお醤油

950 円

開発に 4 年をかけたオリジナルの「ひしお醤油」(p.29) は、大久保醸造店の甘露醤油"粕"を再び醤油で戻して裏ごししたもの。これをかえしとして使い、醤油本来の香りとうまみを前面に打ち出したのが本品。発酵文化の深みと成熟を体現するラーメンとしてオンメニュー。

拉麺酒房 熊人

パイン鶏白湯

1200 円

鶏ガラとモミジを崩れるまで炊いた鶏白湯に、バターで炒めたタマネギと鶏肉、フレッシュのトマトとパイナップルを合わせたトロピカルな味わい。フルーツの酸味とクミンの香りがリズムを生み、食べ飽きしない。味がブレないようスープは 1 食分ずつ真空パック。

拉麺酒房 熊人

みぞれつけ麺

1200円

大根100%のかき氷を麺にのせ、冷たい醤油ベースのつけ汁で提供する冷製つけ麺。シャリシャリとした大根氷がつけ汁と溶け合い、爽快感が口中を駆け抜ける。夏季限定ならではの涼味と、雪景色のようなビジュアルもインパクト抜群。創意工夫が随所に光る。

拉麺酒房 熊人

氷製スイカラーメン

1300円

もち小麦「もち姫」にきな粉をブレンドした麺に、スイカジュースをベースにした氷製スープを合わせた新感覚のフルーツラーメン。つけ汁の生クリームと塩麹でナチュラルな甘さを引き出しつつ、油脂による一体感でラーメンらしさもはずさない。変わり種の枠を超えて完成度を高めた限定メニュー。

拉麺酒房 熊人

ラーメンパフェ

450円

冷えても固くなりにくい、もち系小麦「もち姫」の特性を生かした冷製パフェ。画像は赤肉メロンと蓮の実のトッピングだが、季節ごとにフルーツやソースを入れ替える。グラスの底には上のソースに合わせてフルーツ系のゼリーまたはソースを流してあり、途中で味変が楽しめる。麺量50gの小粋な一品。

あいだや

黒毛和牛サーロイン
ご飯

900円

つけ麺と並ぶあいだやの看板メニューで、幅広のカウンターを活かし、お客の目の前で調理するライブ感を演出。はじめに木箱入りの黒毛和牛肉を見せ、お客の目の前ですき焼きスタイルで仕上げていく。焼肉のもみだれからヒントを得たという特製だれを鍋に熱し、先ほどの肉を広げて軽く火を通したら、ブランド卵「マキシマムこいたまご」にくぐらせて提供。白ご飯とともに味わうようすすめ、最後は卵かけご飯も楽しめる。

麺づくりの最前線

製麺機による「自家製麺」の現在と展望

大和製作所
代表 藤井 薫

Instagram など SNS の浸透とスマートフォンの普及により、「映える麺」の存在感はかつてないほど高まっている。スープの開発競争が激化するのと並行して、独自性を高めた麺を追求する動きが活発だ。そのアプローチの一つが「自家製麺」。小麦粉のブレンドや打ち方を追求して製麺機を導入し、自店で麺を打つ職人は少なくない。そこで、自家製麺を指向する場合はどのような視点で製麺機を選ぶべきか。そして、消費者に求められる麺をどのようにつくり出していくのか。製麺機メーカー・大和製作所の代表にして、ラーメン学校を主宰する「うどん・そば・ラーメン店繁盛アドバイザー」の顔も持つ藤井薫氏が解説する。

自家製麺に注目が集まる背景

ラーメン業界では、いま二極化が進んでいます。それは多店舗化を突き進め、チェーン展開へと進む路線か、あるいは職人性を発揮して独自のラーメンを創り、少数精鋭で地域一番店をめざすかという選択肢です。「麺」をキーワードに考えるとき、そこには明確な差が現れます。前者は製麺所から麺を仕入れる、いわゆる「仕入れ麺」を活用して事業拡張する路線が向いているでしょうし、後者は職人性を発揮して自家製麺をめざす姿勢がフィットするでしょう。どちらが是か否かということではありません。

この10年、食べ手はラーメンに「モチ状食感」を求めるようになりました。その結果、もちもちした食感の多加水麺が注目を集めており、手打ち式製麺機のニーズも高まってきています。もちろん、以前から続くロール式製麺機による自家製麺も堅調です。思えば、「博多一風堂」がラーメン業界に参入した約40年前頃から、それまでの仕入れ麺から 徐々に自家製麺への方向性に向かってきました。業界的にもスープの競争の時代から、麺の差別化の時代に突入。「いかに他店と差別化した麺を提供するか」がテーマになっているのです。スープの技術革新が目覚ましく進み、その情報がスピーディに共有される中で、スープのみで差別化することが難しくなっているのです。

最新の業界動向を見ると、国産小麦や「もち麦」など産地や品種をアピールする人気店も出てきました。さらに、ヴィーガンやグルテンフリー、ハラル対応など、さまざまなニーズが拡大中です。ラーメンであっても、小麦粉だけでなく、米粉、蕎麦粉、豆類などの穀物原料を材料にした麺が求められるようになってきました。粉の挽き方も粗挽き粉や全粒粉、香ばしく煎った麦を使った焙煎粉など、多種多様なバリエーションが登場しています。

このような背景から、製麺機による自家製麺に着目し、実際に取り組む店も出てきています。本記事を踏まえ、自家製麺がもたらす価値に理解を深めていただければと思います。

製麺機を導入する際のポイント

先述の通り、自家製麺と仕入れ麺にはそれぞれ特性があり、どちらが正解ということはありません。ここでは自家製麺を始める場合、どのような製麺機を選定し、導入するべきか——重要な4つのポイントを挙げ、順に解説していきましょう。

ロール式製麺機の各部名称と機能

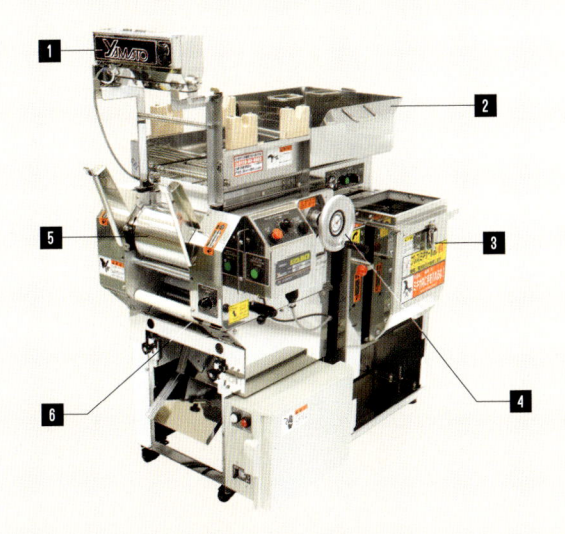

1　散粉機　麺帯を巻き上げる際、本体と連動して均等に打ち粉をまぶす。粉の量は自由に調整できる。

2　生地受けホッパー　ミキサーからの生地を受け、ロールに送る。取り外し可能だと掃除がしやすい。

3　ミキサー　材料を練り上げる。本品は人の指を模した羽根を備え、ダマを抑えて最適なミキシングを実現。

4　ロールインジケーター　圧縮ロールの間隔を調整する。本品は1/10mm単位での精密な調整が可能。

5　ロール　麺を延しながら巻き上げる。手が巻き込まれにくく、緊急時に自動停止する安全装置を搭載。

6　カッター／切り刃　豊富なバリエーションで麺の形状を決める。麺の厚さはハンドルで調整できる。

1 ｜ おいしい麺がつくれるか
—製麺機の性能を知る—

　そもそも製麺機とは、麺の手打ち工程を機械で再現するために開発された機器です。製麺の工程は「水回し・練り」「踏み（鍛え）」「延し」「切り」という4ステップから成ります。これはラーメンでもうどんでも、日本そばでも変わりません。小麦粉やそば粉を水回しし、加水した粉を素早く練り、練った生地を踏んで鍛え、それを薄く延ばして、包丁で切って麺線に仕上げるのです。こうした麺づくりの4ステップをしっかり理解することが自家製麺の第一歩であり、製麺機選びの大きなポイントになります。

　製麺機を選定する際は、製麺機の機能が麺づくりの原理にどのように紐づけられているか、そしてその構造や性能が求める麺打ちに適しているかをよく確認し、おいしい麺をつくれる機器かどうかをチェックしてください。

　下記に挙げたポイントは良い麺質を実現するための機能です。

■ ミキサー

水分を均一に小麦粉に行き渡らせる工程です。ミキシングが充分でなければ生地の水分にムラができたり、生地が硬くなってしまいます。香川県農業試験場の研究によると、麺生地の引っ張り強度と伸びを最大化させるためには、「1分間60回転のミキサーで5分間練ること」と実証されています。

■ プレス（手打ち式の機能）

手打ち職人の足踏み工程と同様に、最適な力で生地をプレスする機能です。生地を傷めずに中心まで均等な圧力をかけることでしっかりとグルテン組織が形成され、麺には粘り強い食感が出ます。

■ ロール

手打ちでは麺棒で麺生地を延しますが、その際、生地の組織を壊さないように縦・横・斜めと、さまざまな角度から生地を延していきます。手打ち式製麺機のロールは麺棒の役割を担い、無理な力を加えない工夫が施されています。ロール式製麺機は、麺生地への圧延が一定方向からかかるのが特徴です。

■ カッター

魚をさばく際とは異なり、手打ち麺は生地に対して直角に包丁を入れます。手打ち式は、薄く圧延した麺生地を包丁カッターで切り出します。直角切りをすることで生地に圧がかからず、ゆで上がりはエッジの立った仕上がりに。ロール式製麺機は麺帯をスリット（溝の付いたカッター）で細くカットします。

これらの基本的な原理と機能を正しく理解し、わからないことはメーカー担当者に聞いて、購入しようとしている製麺機の機能を把握したうえで製品を選定することが肝要です。できれば、購入前に実機での麺打ちを体験し、実際に打った麺を食べてみましょう。上記の性能や、自分のつくりたい麺が実現できるかを確認できると思います。

2 | 自店に適した製麺機か
―生産能力を知る―

ひと口に製麺機といっても、サイズやスペックは多種多様です。自店に適した能力を持った機種かどうかを見極めるのはもちろんのこと、さらに長期的な視点に立ち、自店の将来を見据えた選定が求められます。私たち大和製作所のユーザーの声を聞くと、コストダウン目的で自家製麺に取り組み始めたところ、麺質が向上したことで来客数が増え、売上げもアップ。結果としてグレードアップした製麺機に買い替えるというケースも少なくありません。席数のキャパシティと予想客数から想定される出数を導き出し、最適な生産能力を持った製麺機を選定しましょう。

製麺所からの「仕入れ麺」も選択肢に入れると、ラーメン事業における「麺の選定」は以下の3択となるケースが大半です。

■ 小型の製麺機での店内自家製麺
■ セントラルキッチンでの自社製麺
■ 1時間2000食以上の大型ロール製麺機を
　用いた製麺所から仕入れる

弊社のユーザーは1日100食程度を売り上げる店舗が多くなっています。この量であれば小型製麺機でもカバーできますが、さらに客数が増えればフル稼働で麺を製造し続けなければなりません。結果として人件費がかさみコスト高になるケースもあります。

ちなみに、セントラルキッチンでの自社製麺は、大まかに以下の3つの選択肢があります。

■ 1時間200食が目安の小型機
■ 1時間400～500食の中型機
■ 1時間2000食以上の大型ロール機

麺ビジネスの最終目的地をどこに定めるかで、自店に最適な製麺機が決まるのです。

3 | 購入後も安心して使えるか
―アフターケアやメンテナンス体制、安全性や耐久性や安全性など―

ラーメン店にとって重要なのは「製麺機を購入すること」ではなく、「製麺機の特性を出すか」です。機能や操作に関する問い合わせなどのアフターケアや、故障やトラブル時のメンテナンス体制を確認しておきましょう。麺が打てずに営業がストップすると、売上げにダイレクトに響いてしまいます。

製麺機ではロールやカッター部分に手など巻き込まれたりする事故も発生しています。手がロールに入らないためのガードや、緊急時に機械を停止できるフットスイッチなど、安全装置の有無もしっかり確認していただければと思います。

機械設計にバックアップへの配慮があるかどうかも見ておきましょう。製麺機は人間に例えると骨格にあたるフレームがあり、さらに心臓に当たるモーターと、頭脳に当たる制御システム、手足に当たる駆動パーツから構成されます。とくにチェックしておきたいのはモーターと制御システムです。モーター1個でマシンのすべてを駆動するタイプと、ミキサーやロール、カッターのそれぞれにモーターを備えるタイプがあります。モーターが故障した際、1個で駆動するタイプはすべての機能が使えなくなってしまいますが、個々に付いていれば、それぞれの機能を単独で使用することも可能です。

制御システムにコンピューターを搭載する製麺機も増えていますが、旧式であればモーターに電源を供給するスイッチが付いているだけ、ということもあります。モーターの焼損を防ぐ「サーマルリレー」というパーツは不可欠ですので、有無を確認するのが望ましいでしょう。

4 | 製麺機のタイプ
―ロール式と手打ち式の違い―

製麺機は、大きく「ロール式」と「手打ち式」の2タイプがあります。この2つは麺生地の鍛え方、圧延方法がまったく異なるため、麺の仕上がりも大きく変

ロール式

小麦粉と水を撹拌する「ミキサー」と、撹拌した麺生地を麺帯に成形してから所定の厚さに圧延する「ロール」、麺帯を所定の長さに切る「切り刃カッター」から構成される。

手打ち式

小麦粉と水を撹拌する「ミキサー」と、撹拌した麺生地を鍛える「プレス」、鍛えた麺生地を縦横に圧延する「ロール」、圧延した生地を所定の長さに切る「包丁カッター」で構成される。

わります。めざす麺のスタイルを見極め、自店に適した製麺機を選びましょう。

写真上左の「ロール式製麺機」は、ロールによって麺生地を「一方向に圧延していく」タイプの製麺機です。麺線のカットが簡単でスピーディにでき、比較的細い麺の製麺に適しています。このため、ラーメンの製麺の大半と、一部の日本そば製麺に使用されています。打てる麺の加水率は26〜45%程度が目安。九州系ラーメンのように低加水で細く硬い麺の製造に向いています。

他方、写真上右の「手打ち式製麺機」は、手打ちで製麺していた工程を機械に置き換え、食感を手打ちに近づけるよう開発された製麺機です。加水率50%以上の粘り腰のある多加水麺を打つことができます。機械的な特徴はミキサーで撹拌した麺生地を鍛える工程があること。手打ち麺は加水率が高めの傾向にあるため、足踏みなどで鍛えなければグルテンの組織が形成されません。ミキシングしたまま圧延するとロールに麺生地が付着してしまうのです。

ロール式との最大の違いはでき上がった麺生地のやわらかさです。麺生地自体が水分を多く含むため、ゆで上げた麺にはやわらかさの中に粘り強いコシが生まれます。うどん、きしめんに近いようなやわらかくて太い麺をめざすのであれば、手打ち式が向いているでしょう。

機器導入の
フローと注意点

次頁に図示したのは、私たち大和製作所に製麺機を発注いただいてから納品に至るまでのフローです。ここまで解説してきたような製品の選定ポイント、アフターケアやメンテナンスを押さえておくことは必須ですが、新規開業の場合は私たちが用意しているような製麺のトレーニング、麺レシピの打ち合わせを経て納入し、稼働に向かうのがベターでしょう。業界の趨勢や消費者の嗜好といったトレンドに合わせた麺を考え、スープに合わせていくことが必須になるからです。仕入れ麺からの切り替えの場合も、製麺に携わる人員の確保、オペレーションの構築が欠かせません。営業や準備といった店舗運営の一連の流れの中で、どこに「製麺」を組み込むかが重要になってきます。

納品に際しては、製麺スペースの確保と確認が大切です。保健所の許認可によっては、店内を区切った「製麺室」の設置を指導される場合もあります。製麺作業が充分にできる広さはもちろんのこと、小麦粉などの原材料を保管したり、麺生地を熟成したりするスペースも考慮に入れましょう。

製麺環境でもっとも重視すべきは室温の管理です。日本は四季によって寒暖差が激しく、温度や湿度が大

機器導入のフローと注意点

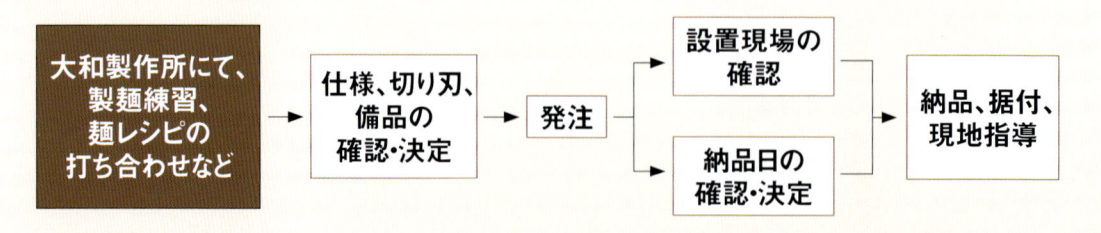

きく変動します。できるだけ一定の環境で製麺に取り組むためにも、安定した室温管理が望まれます。小麦粉は冷暗所で保管しますが、ミキシングの際は常温に戻してから行ないます。温度変化を組み込んだ製麺の工程管理が必須です。また、小麦粉は湿度や温度変化で傷みやすくなるだけでなく、害虫やネズミなどの食害リスクもあります。温度が高くなると害虫の活動が活発化しやすく、製麺機内にネズミなどが侵入すると衛生的にも問題です。素材である小麦粉の管理やクレンリネスの体制も重要になります。

オリジナリティのある麺とは

　自家製麺を追求するラーメン職人や店主の中には、小麦粉の「ブレンド」を追い求める動きも活発です。しかし、小麦粉のブレンドを極め、追求しようとすると"沼"にはまると私は考えています。スープもそうですが、研究開発に没頭して営業に差し支えることがあっては本末転倒です。まずは製麺の原理原則を理解し、製麺機の構造と使い方を腹に落とすこと。その先に、店ごとのオリジナリティが見えてきます。

　麺の印象は切り刃の番手で大きく異なることは皆さんもご承知のことと思います。そして、麺の厚みを変えるだけでも食感は格段に変わります。さらに近年は、深溝タイプの切り刃を使って、麺線の厚さと幅が逆転した「逆切り」(幅より厚さが大きい)の麺を指向する

店が増えてきました。逆切り麺は家系や二郎系のラーメンで多く見られますが、断面がざらつくことでスープが絡みやすくなり、注目されています。オーソドックスな小麦粉でも、麺のカットを考えていくだけで、充分にオリジナリティが発揮できるのです。

　仕入れ麺と自家製麺に優劣はなく、自店に合った最適な麺を選ぶことこそ正解——私は冒頭にこう述べましたが、自家製麺では「仕入れ麺では実現できないこと」が可能になるというメリットがあります。

　たとえば、製麺所の麺は小麦粉などの材料費や人件費に加えて配送コストがかかります。このため、製麺業者はできるだけコスト抑えようと麺の熟成工程と簡略化する傾向にあるのです。麺は複数回の熟成のプロセスを経ることでコシが強くなり、うまみが増します。ミキシングしてから圧延前の第一熟成、圧延して麺帯にしたものの第二熟成、切り出してからの第三熟成に分かれます。第一熟成では生地内の水分の均一化を図り、第二熟成では生地の組織構造を落ち着かせ、第三熟成ではグルテンを結びつけてコシを出すのがねらいです。自家製麺の場合、それぞれの熟成の時間をきめ細かく設定し、自店に合った麺質を追求できます。

　また、製麺所の麺は配送を前提にするため、防腐剤などを添加することがあります。添加物の是非ではなく、自家製麺であれば添加物も自分でコントロールできるのです。あるいは全粒粉や卵などの素材を加えて食感や風味に変化をつけたり、健康に配慮した麺としてアピールすることも可能です。

効率化、デジタル化も視野に

　私たち大和製作所の製麺機は海外への出荷が5割を占めるようになりました。これは麺文化のグローバルな広がりを物語るものですが、海外のユーザーにヒアリングしていると、製麺機にもイノベーションを求められていることがわかります。

　北米や欧州、オセアニアでは人手不足はもちろんのこと、人件費が高騰しており、麺ビジネスも大きな影響を受けています。時給は日本円換算で3000円を超え、5000円台になっている国もあります。そこで求められるのが生産性です。コンピューターで制御するデジタル機を導入し、人手をかけずに安心・安全な麺づくりを行なおうという動きが見られます。センサーによって水分やコシの感覚を数値化することで麺の品質は高まり、安定した品質の生産が視野に入ってきます。

　日本にも、この潮流はやってくるでしょう。わが国は人口減少社会に突入しており、労働人口も減少へ。飲食業界で慢性化している人手不足はさらに深刻なものになっていくはずです。そこでラーメン店が向き合うのが「生産性」です。製麺機も高度にデジタル化を進め、生産性を高めていかなければなりません。決して職人の勘や感性を否定するものではありませんが、ルーティンワークや単純作業を減らして、人はクリエイティブなところに集中できるようにする。それこそがデジタル化がもたらす真のメリットです。

製麺機を「使いこなす」視点

　1985年、福岡市・大名に開業した「博多 一風堂」は、当初から自家製麺にこだわっており、仕入れ麺が当たり前だった時代には異端の存在でした。今やグローバルにチェーンを拡大し、麺ビジネスを大成功させています。私が一風堂のニューヨーク店を視察したときには、ミキシング時の麺生地の温度測定まで緻密に行なっており、驚くほど精緻に構築した製麺プロセスを目の当たりにして深い感銘を受けました。ラーメン業界では自家製麺が最大のムーブメントになり、関心が集まっているのは確かです。しかし、一風堂の河原成美代表が突き詰めてきたように、製麺機というハードや職人のスキルだけではなく、スタッフがおしなべて使いこなせるソフトパワーがあってこそ、成功につながるのだと考えています。

　新たに自家製麺にチャレンジする職人さんには、「考えすぎない」「真面目すぎない」「クレンリネス」をキーワードにして麺と向き合っていただければと思います。先述したように、粉やブレンドの探求に必要以上にこだわりすぎては、持続的に事業を続けていくことが難しくなることもあるでしょう。原理原則を考え、そして衛生的で清潔な環境で安心・安全な麺をお客さまに提供してください。

　そして、経営者には「永く生き残っていくための戦略」を考えてほしいと思います。これも皆さんがご存じのことと思いますが、外食産業の早期閉業率は決して低くありません。ラーメン店を自分の代だけではなく、その後につながるビジネスとして考え、戦略を立てていってほしい。昨今はSNSや口コミサイト、インフルエンサーを意識した「戦術」に光が当たりがちですが、自分の芯を持って事業の強みを磨いていく「戦略」こそ意識してみてください。

　ここまで製麺機について深堀りしてきましたが、ビジネスにおいては「自店の優位性、特徴を最大限に生かす麺を調達できているかどうか」が問われることになります。自家製麺が良いとか、仕入れ麺が良いとか、実は些末な問題かもしれません。自店ではどのような麺を提供したいのか。どのようにして商品を差別化したいのか。ビジネスの根本を頭の中で描き、明確にできていれば、めざすべき麺は自ずと見えてくるでしょう。自分の飲食ビジネスを実直に掘り下げることで、「おいしいラーメン」をめざしていってほしいと思います。

株式会社 大和製作所
所在地　香川県綾歌郡宇多津町浜三番丁37番4
電話　　0877-85-6168
　　　　0120-45-1002(フリーダイヤル)
　　　　(8:30〜18:00 日祝休み)
https://www.yamatomfg.com/

「仕入れ麺」で
新たな価値を創造する

麺屋棣鄂（めんやていがく）

代表　知見芳典

かつて、製麺所はラーメン店を影で支える存在だった。しかし近年はメディアでラーメン店が紹介される際に麺の供給元の情報が併記されることが増え、製麺所への注目が高まっている。職人が技巧を凝らしたスープに合わせる麺は、どのようにして最適解を導き出すべきなのか。本項では、製麺所の技術とコンサルティング力について、麺屋棣鄂の代表・知見芳典氏に語っていただく。同社は京都で1931年（昭和6年）に創業した老舗ながら、「らぁ麺やまぐち」「麺や福一」といった首都圏の名店にも採用され、現在は全国45都道府県に麺を卸している。いま求められている麺とは。そして「仕入れ麺」を店づくり・味づくりに活かす術とは。

「美しい麺線」トレンドの行方

いま求められる麺は何か——？　これは製麺所としても重大な関心事です。近年はSNSによる「映え」重視の流れを受け、「美しい麺」への関心が高まっています。淡麗なスープの表面にきらめく油を浮かべ、艶やかな麺線を綺麗に整えたラーメンです。製麺所としても、このトレンドを裏づけるデータがあります。顧客であるラーメン店からは、ここ数年ほど「長い麺」のオーダーが増えていたのです。

麺線を綺麗に盛り付けようとした場合、ある程度長い麺の方が整えやすいため、長い麺のオーダーが集中していました。ここでひとつ問題なのは、麺が長くなるということは、麺1玉のボリュームが増えがちだということです。この点は製麺所ならではのノウハウがありまして、たとえば麺1本の幅を1/2にし、麺線は長いままでトータルの重量は変わらないよう調整するという解決策があるのです。一般に、自家製麺では「職人が思い通りの味を表現しやすく、麺づくりの自由度が高い」ことがメリットとして強調されます。しかしながら製麺現場の最前線では、私たちのような製麺所のほうが、マシンの調整や技法によって多様な麺を創り出すことに長けており、お客さまの要望や時流に合わせて高度な微調整ができるのです。

さて、美しい麺が求められる時代背景から増えてきた「長い麺」ですが、2023年下期頃からは目に見えてオーダーが減少している所感です。これはなぜか？現場を巡る営業担当の声や店主のヒアリングを通して感じるのは、YouTubeなどのメディアを通して盛り付け技法が距離を越えて共有されつつあるということです。「麺線の整え方」の技術レベルが向上し、短い麺でも美しく盛り付けられるよう、現場のオペレーションで対応が進んでいるのでしょう。

さらに俯瞰してラーメンのトレンドを見ていくと、麺とスープの関係性は「ハイブリッドな時代」に突入したと感じています。これまでは、札幌ラーメン＝太麺、塩ラーメンや博多ラーメン＝細麺といった固定観念がありました。ところが、近年ではセオリーにとらわれることなく、麺とスープを自由に組み合わせて提案する動きがあります。この流れは、多種多様な麺やスープが受け入れられている都市圏から徐々に波及していくと考えています。

こうしたトレンドの背景には、食の多様化とともに、麺の品質自体が向上し、それを味わう食べ手の経験値も上がってきたことがあります。結果として、消費者の要求水準も高まり、単に「定番の味」を求めるのではなく、「今までにない食べ心地」や「意外性のある組み合わせ」に新たな価値を見出すようになっているのです。店側にとっても、伝統的なスタイルにとらわ

れず自由に麺とスープを組み合わせることで、差別化を図りやすくなっています。

この潮流は、ラーメン業界における競争の激化とも無関係ではありません。新規開業が相次ぐ中、店舗ごとの独自性がますます重要になっています。「他店と違う一杯を提供する」ことが、単なる味の追求を超え、マーケティング戦略の一環となっているのです。従来の「札幌だから太麺」「博多だから細麺」という概念は過去のものになりつつあります。麺とスープの組み合わせの自由度が高まることで、ラーメンはさらに多様化し、店ごとのオリジナリティを際立たせる武器になっています。この流れが今後、どのように全国へと広がり、次なるラーメントレンドを形成していくのか。製麺所としても、その動向を注視しながら、より柔軟な提案を行なっていく必要があると考えています。

自家製麺の
ムーブメントについて

ラーメンを取り上げるメディアを見れば、「こだわりの自家製麺」「製麺を突き詰める職人」といったフレーズが目に留まります。ラーメン店の皆さんも、「時代を考えれば自家製麺に取り組まないといけないのか？」という思いを持つ方もいらっしゃるでしょう。ただ、製麺所の代表として業界を俯瞰する私からすると、自家製麺に取り組む店舗が増えているという実感はありません。体系立てた統計や調査が行なわれているわけではないのであくまで体感、肌感覚ですが、私たちのような製麺所の麺を使用している店舗の方が大多数です。スター店主やカリスマ職人、ラーメンの「映え写真」や動画をアップするインフルエンサーの発信量が目立っているだけ。それが私の見解です。そもそもラーメンアワードや口コミサイトなどで新店の情報をチェックし、名店を食べ歩くようなラーメンフリークそのものが少数派ではないでしょうか。製麺所はラーメン店が顧客ですが、私たちは「麺」のエンドユーザーである食べ手、お客さまの動き、ニーズを捉えようと日々観察しています。そこではチェーン店や町中華でスポーツ新聞片手に入ってきたり、スマホの動画を見ながらラーメンをすすっているようなお客さまこそ多数派、いわゆる「声なきマジョリティ」なのです。

顧客の細かい注文に応じて、
多種多様な麺を製造。

そこでは淡麗醤油ラーメンよりも、二郎系や家系といったガッツリ系ラーメンが根強い人気です。

並々ならぬこだわりを持ち、オリジナリティの高い麺を模索していく。インフルエンサーやフリークから注目される高単価のメニューを提供する。それも一つのアプローチです。そして、大衆に寄り添い、適正な価格で幅広いお品書きを並べる。これも一つの道筋でしょう。どちらにも共通するのは、自店に足を運んでオーダーしてくれるお客さまを見て、ラーメンをつくるということです。どんなお客さまに、どんなラーメンを提供したいのか。それが見えれば、選ぶべき麺も自ずと見えてくるのではないでしょうか。

「仕入れ麺」を
戦略的に活用する

メディアによる自家製麺ムーブメントの喧伝や、"映え"を意識した「綺麗な麺線」が実は少数派だった、という製麺業者の体感をお伝えしました。実際、大阪などの都市部に限れば、この数年は自家製麺から製麺所の「仕入れ麺」に切り替える店も多く見受けられます。これは飲食業界で顕著な人手不足が背景にあります。自家製麺はコストダウンという利点ばかりが強調されますが、場合によってはコスト増につながることもあります。それは製麺に割く人員が必要になるからです。店主が製麺からスープづくり、営業までワンオペで（または家族が手伝って）手がけられるのであれば良いですが、製麺にスタッフを割く場合は人件費がかかります。人手不足が続く中で、なかなか人員を確保

ウイング麺　　　　　サンダー麺

麺屋棟鄂の代名詞ともいえる「ウイング麺」と「サンダー麺」(p.100)。同社の高い技術と開発力、マーケットを先読みする力を示す。

できない事情もあるでしょう。そこで仕入れ麺に切り替え、余裕ができたマンパワーで営業時間を伸ばして売上げをつくる。そうした決断をする店舗も出てきているのです。

　個性を打ち出し、創意あふれる麺を提供できることが自家製麺のメリットですが、研究にこだわるだけ労力はかかり、時間が削られるのが現実です。ビジネスを10年単位の時間軸で見ていく場合、持続的に継続できるかを考えれば、製麺所の仕入れ麺は有力な選択肢になり得ます。裏を返せば、それが製麺所の麺を用いるメリットと言えるでしょう。麺はアウトソースし、店主は日々のスープづくりや営業、マネジメントや経営に集中できます。私たち製麺所は麺づくりのプロフェッショナルとして、「麺のことなら任せてください。最適な麺を提案します」と自信を持ってアピールしています。これはメディアの功罪の「罪」のほうですが、自家製麺が注目され過ぎたことで、仕入れ麺を使うことをうしろめたく考えてしまう店主もいるようです。そこで、仕入れ麺を既製品として考えるのではなく、製麺所を「自家製麺の代行」として考えてほしいとお伝えしています。既製の麺をスピーディかつ、リーズナブルに提供する製麺所もありますし、ラーメン店とコミュニケーションを取り、キャッチボールしながら最適な麺を提案していく製麺所もあります。

　ただし、近年は燃料費の高騰や物流業界の事情もあり、配送費も上昇傾向にあります。遠方であれば、麺一玉の売価に配送コストが重く乗ってくることもあるでしょう。私たち麺屋棟鄂は全国45都道府県に麺を出荷していますが、配送コストを吸収しきれず、地元の製麺所に切り替えた顧客もいました。しかしその一方で、地方の過疎化や事業継承の課題があり、家族経営の中小製麺所が次々に廃業しているのが現実です。近場では望む品質の麺が仕入れられなくなったため、私たちのような京都発の製麺所にオファーがくるという事例もあります。

200種の麺で幅広いニーズに対応

　麺屋棟鄂では、現在200種以上の麺のラインナップがあります。よく知られたところでは「ウイング」「サンダー」でしょうか。ウイング麺は断面がT字型になっているのが特徴で、イタリアンのパスタから着想を得て開発した当社のオリジナルです。センターに深い溝が掘ってある特殊な切り刃でカットしています。2010年代から「台湾まぜそば」「あえ麺」といったスープレスのメニューがブームになりましたが、ウイング麺はたれやミンチ肉にからみやすい構造になっており、業界のムーブメントに合わせた仕様です。サンダー麺はネーミングの通り、稲妻のように断面がギザギザした麺です。これは山形県の「ケンちゃんラーメン」や喜多方ラーメンの手もみ麺のオマージュです。東北地方は小麦、麺への造詣が深く、独自の進化を遂げた麺が点在しています。広くアンテナを張りながら、さまざまな形状の麺を試作、開発してきました。その試行錯誤が200種というバリエーションに結実したと自負しています。

　現在も月に数十店のラーメン店から新規オーダーが入っていますが、200種の麺でほぼカバーできています。製品は日々アップデートしており、既製麺の新陳代謝も活発。現状のラーメン業界で求められるスイー

トスポットを網羅した麺を揃えている自信があるのです。オーダーメイドの発注もありますが、たたき台として既製麺を提案してみると、そこに落着する事例がほとんどです。

では、新規の特注オーダーを受けたときの流れを概説してみましょう。受注すると、まずは営業担当者が店舗のメニューやスープの傾向をヒアリングし、最適な麺を探っていきます。遠方だと電話でのコミュニケーショになりますから、ラーメンの共通言語と言いますか、概念のすり合わせに細心の注意を払います。「もちもちした麺」「エアリーなふわふわした麺」といったように、店主が描く麺のイメージ、感覚的なものをいかに数値化・言語化し、現実の麺に落とし込むかが生命線です。ここは営業担当の経験値と感覚がキーになります。全国に幅広く麺を届けていくためには、営業担当の強化が必須です。

次のステップは、ヒアリングから得た店主が思い描く麺のイメージの解像度をさらに上げるべく、既製麺からサンプルを提示します。たとえば、店舗のスープが「澄んだ煮干し系」だとしたら、まずフィットするであろう3種の麺を提案する。5でも10でもパターンを用意することは可能ですが、適切な麺を絞り込むなら3種がベスト。ここで「好きな麺と嫌いな麺を挙げてほしい」と聞き出すことで、店主が思い描く麺を絞り込んでいくことができます。ここで挙がった「好きな麺」にちぢれをかけたり、手もみにしたり、太麺にしたり、細麺にしたり。何往復かのキャッチボールで絞り込み、特注麺のゴールをめざしていくのです。

店主の「腹落ち」は 必ずお客さまに届く

現在、消費者が麺を頼むときは「メンカタ（硬め）」の傾向が顕著になっています。東京に博多ラーメンが登場した際、「バリカタ」などの硬めで注文するのが「粋だ」という風潮が生まれ、いまもその影響が続いているからです。「やわめ、やわらかめ」の麺も一部では復権しつつあるものの、デフォルトが硬めに寄ってしまっているのは確かです。その結果、店舗でも「ゆでが浅い」麺を提供する傾向が見られます。

しかし、ほとんどの麺はしっかりとゆでることで、持っているポテンシャルを最大限に発揮します。しっかりと水分を含ませることで、もちもちとした食感が生まれ、多少ゆっくりと食べても伸びにくい。それだけでなく、スープとの調和も生まれます。対して、ゆでが浅いままでは水分を充分に吸収できず、スープを過剰に吸い込み、結果として麺の食感が崩れやすくなるのです。麺は単体で完結するものではなく、スープとのバランスの中でこそ、その真価を発揮する——それが私たち製麺所の考えです。

仙台のラーメン店を訪れたとき、忘れられない一杯に出会いました。寒空の下、コートの襟を押さえながら暖簾をくぐり、カウンターへ。そこで供されたのは、麺屋棣鄂の麺をしっかりゆで上げた一杯でした。湯気の向こうに、確かな意志が込められた麺があったのです。その店主は「うちのスープには、このゆで加減が最適なんです」と静かに語りました。京都でつくった麺が、遠く離れた北国で「店の味」として確立されている。私はその瞬間、胸が熱くなりました。「京都からこんなに離れた北国でも、うちの麺をかわいがってくれてんのや」。涙腺がゆるんでしまったのを覚えています。

製麺所がどれほど麺の完成度を高めたとしても、それをお客さまに届けるのはラーメン店であり、職人たちです。私たち製麺所は、その先の調理を委ねる立場にあります。それゆえに、麺の性質を見極め、それを最大限に引き出す店こそが、結果として「繁盛」に近づくのは確かです。技術やトレンドに惑わされるのではなく、麺のポテンシャルを理解し、最適なゆで加減を見極める。そこに、店の個性が宿ります。

営業担当は店主の満足度を上げるべく、実直に麺づくりに伴走しています。私たちが望むのは、つくり手に腹落ちして麺を選んでもらいたいということです。頭にクエスチョンマークを浮かべながらではなく、「この麺のことは充分理解している」と、"ドヤ顔"でつくるラーメンは、必ずお客さまに伝わる。私はそう信じています。

株式会社 瑞穂食品工業（屋号 麺屋棣鄂）
所在地　京都府京都市南区上鳥羽山ノ本町213
電話　　075-632-8900
https://www.teigaku.com/

製麺所 をゆく

麺屋棣鄂 本社工場

京都駅から車で10分ほどの場所に「麺屋棣鄂」の本社工場がある。最新鋭の製麺機3台は常時フル稼働で、1日最大5万玉の生産量を誇る。ラーメン店の「自家製麺代行」を掲げ、店舗の要望に応じて多種多様な麺を打ち分けるのが棣鄂の真骨頂。そのため製造に人手はかかるが、この製麺所を頼る人気ラーメン店は少なくない。代表の知見芳典氏に最新設備を備えた工場を案内してもらった。

左下写真の左側にはもうひとつの製麺ラインがあり、この3つを使い分けて、全国から寄せられる細かい注文に対応している。

京都市南部に立地する麺屋棣鄂本社工場。京都南インターからほど近く、発送拠点としての機動力も高い。

1931年に創業した麺屋棣鄂（株式会社瑞穂食品工業）は京都で初めて中華麺を手がけた製麺所として知られ、現社長の知見芳典氏が3代目を務める。当初は広くうどん、そば、焼きそばなどの麺も打っていたが、2003年に知見氏が代表に就任してからは、ラーメン1本に絞るリブランディングに着手。同時期に「京都千丸しゃかりき」から依頼を受け、関西圏で初めて開発したつけ麺用の麺がヒットし、一躍注目を集めた。その後、東京の「らぁ麺やまぐち」や千葉県「麺や福一」、北海道「麺処まる」などの著名店に続々採用され、現在の販路は全国45都道府県に広がっている。

「私たちはラーメン店に麺を卸すBtoBの事業者ですが、その先にはカウンターに座ってラーメンを食べるエンドユーザーがいます。食べ手の心を揺さぶるために、最新トレンドの麺を市場に投入しつつ、引きのあるウイングやサンダーなど、ネーミングとストーリーを発信してきました」（知見氏）

知見氏の言葉どおり、ウイング麺やサンダー麺はオリジナリティあふれる発想と高度な製麺技術が生み出したものだ。工場には3ラインの製麺機を設置しており、製品ラインナップは200種以上、麺は1日約5万玉の生産能力を持つ。知見氏は事業継承時から設備投資を惜しまず、高品質の麺をオーダーメイドで創り出

すマシンを投入してきた。

「工場のポイントは、自家製麺では導入が難しい大径ロールの製麺機です。博多ラーメンなどに向いている低加水麺は大口径のローラーでなければ麺生地がボロボロに崩れてしまい、麺として成形できないのです。これらのマシンを充実させることで、幅広い加水率の麺を打てるようになっています。私たちは北海道から沖縄まで500軒以上の顧客がいるだけに、あらゆる麺に対応できるように機械や人的資本の充実に力を入れてきました」

2023年には近くに物流センターも新設し、冬季以外はクール便で全国に発送する体制を整えた。麺は冷蔵保存して一晩熟成させ、翌日に出荷する。物流体制を整え、麺の状態を保ちながら、全国のラーメン店に迅速に届けることができる。

変化するニーズに対応し、時流に合ったオーダーメイド麺を手がけてきた麺屋棣鄂の基盤を支えるのは、開発と生産を担う工場だ。管理体制とサプライチェーンを整備したこの工場には、全国から視察に訪れるラーメン店主や業界関係者が絶えない。麺の差別化が求められる時代にあって、良質な麺を安定供給する製麺所の存在はますます大きくなっていくはずだ。

製造工程の流れ

粉のブレンド

粉の保管

麺の仕上がりは、粉のブレンドが生命線。常に安定した品質を維持するためにもブレンドは必須。また、特徴のある複数の粉を配合することで、多様な食感、すすり心地、噛みごたえ、のど越しをつくり出している。

10社の製粉会社から仕入れた約50銘柄の小麦粉がそろう保管庫。「既成概念にとらわれず、個性的な麺をつくりたい」との考えから、ラーメン専用粉だけでなく、うどん、パスタ、パン用粉など、多様な小麦粉を積極的に取り入れてきた。

ミキシング

計量した粉は、すぐ隣にある真空ミキサーへ投入し、水などの材料を加えて、粉の中心部まで均等に水分を浸透させていく。ここまでが工場の中2階部分にあり、ミキシングを終えた生地は、1階にある延し・カットの工程に移る。

圧延と麺帯づくり

大径のロールで段階的にゆっくりと圧延し、生地をなめらかに延していく。工場内では省人化が進んでいるが、要所にはスタッフを配置し、品質と生産プロセスを慎重に管理している。

麺帯を複合して圧延するプロセスは小型機と同様だが、ロールのスピードを調整することでたるみをなくし、安定した品質でカット工程まで進めていく。ロールに巻きとった生地は、途中でビニールなどをかけて適宜やすませる。

カット

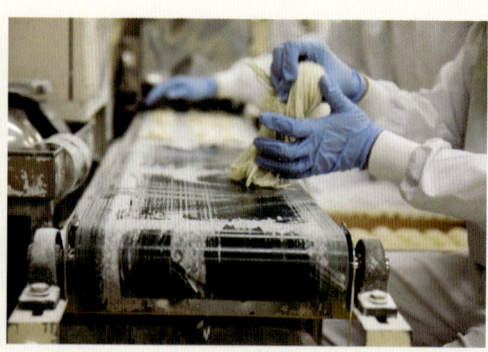

切り刃でカットされた麺は、手作業で巻き取り、玉にして麺箱に収める。この工程は、麺の状態をベテランが最終確認する役割も担っているため、あえて自動化せずに目視チェックを取り入れている。

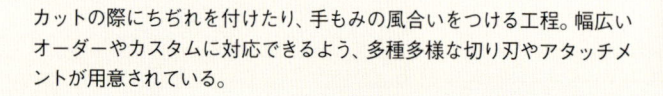

カットの際にちぢれを付けたり、手もみの風合いをつける工程。幅広いオーダーやカスタムに対応できるよう、多種多様な切り刃やアタッチメントが用意されている。

切り刃

工場ではオリジナルのものを含めて
多彩な切り刃をそろえる。粉の配合
から加水率、圧延回数やプレス方法
などをかけ合わせることで、多種多
様な麺をつくり出している。

袋詰め・配送

包装された麺は、冷蔵スペースで一晩熟成させた後、配送へと進む。外
気を遮断し、年間を通じて一定の温度と湿度を維持。衛生面にも配慮し
た環境で、製造から出荷までをワンストップで行なっている。

大友 勝さん

1981年福島県生まれ。上京後はバンド活動に没頭し、飲食店やラーメン店の勤務を通して経験を積む。製麺所の丸山製麺に入社して製麺技術を磨き、2013年に埼玉県川口市で「らーめん かねかつ」を開業。22年に北浦和に移転オープン。

JR京浜東北線北浦和駅から徒歩2分という好立地に行列をつくる。大友さんは朝5時から、その日に提供するスープの仕込みや製麺作業に専念し、営業は朝と昼のみ。接客を担当する妻の倫子さんと夫婦二人で店を切り盛りしている。

**手回し式「小野式製麺機」で打つ麺は
どのような食感やをめざしていますか?**

創業当初、川口の店舗では製麺所から仕入れていましたが、理想の麺に出会えず「自分でつくるしかない」と決意。当時はスペースが狭かったため、手打ちで麺をつくっていた時期もあります。移転して製麺室のスペースは確保できましたが、機械式の製麺機では高加水が難しいため、加水率50％の多加水麺をつくるために手回し式を選びました。この高加水によって、生き物のような弾力と踊るような動きを感じられる麺、「ここでしか食べられない麺」をめざしています。

**スープで使うホロホロ鳥に行き着いた経緯、
期待する味わいについて教えてください。**

開業当初は秋田県の比内地鶏を使っていましたが、安定供給が難しくなり、福島県産の川俣シャモに切り替えました。しかし、それも安定しないため試行錯誤の末、岩手のホロホロ鳥にたどり着きました。ホロホロ鳥は鶏と鴨の中間のようなうまみを持ち、澄んだスープがとれるうえ、肉自体もやわらかくジューシーでとてもおいしいです。理想の素材だと確信し、安定供給のために岩手の生産者と直接契約を結びました。ホロホロ鳥は、スープにしても深いコクと余韻があり、鶏油もさっぱりした良質な脂がとれます。丸鶏で仕入れており、ガラはスープに、肉は部位ごとにトッピング素材にして、ホロホロ鳥の魅力を存分に引き出した一杯をめざしています。スープに加え、具材としても使っていて、「得肉三昧」というセットメニューでは、ホロホロ鳥のムネ肉とモモ肉、そしてイベリコ豚の肩ロースを全部乗せで贅沢に楽しんでいただけます。

**メニューに味玉やメンマがありませんが、
どのような考えがあるのでしょうか?**

提供するラーメンは極めてシンプルです。麺とスープを除けば、トッピングは3種類のお肉、きざみネギ、三つ葉、そして黒コショウのみ。私はシンプルなラーメンが好きで、「本当に食べてもらいたいものだけをお客さまに出したい」と考えた結果、この形にたどり着きました。味玉は人気ですが、ラーメンを食べるリズムが味玉で一度止まってしまうため、私がめざす「一気に楽しめる一杯」とは少し違うと感じました。そのため、あえて入れずに、できる限りシンプルな形にこだわっています。また、一般的にはラーメンに入れるメンマも使っていません。食感の変化は3種類の肉で充分に楽しんでもらえるよう工夫しています。このように、シンプルでありながらも、しっかりと「刺さる」ラーメンをめざしています。

**器や店舗の内装、サービスにもこだわりを感じます。
どのような思いで工夫を重ねてきましたか?**

お客さまを迎えるときは、店頭の一輪の花や整えられた客席など、細やかなおもてなしを大切にしています。丼には白磁の砥部焼を使用し、スープの美しさと麺の質感が引き立つように、また、カウンターは木の質感を活かした仕上げにするなど、内装にもこだわりました。ラーメン店が「おいしい」を提供するのは当然なので、それに何をプラスできるかが重要だと考えています。夫婦で営業しているのも、家族でしか出せない雰囲気や「味のある店造り」をめざしているからです。私にとってラーメンは「ロックミュージック」のようなもの。短い時間で自分を出しきるプロセスは、まさに「ステージ」なのです。お客さまには、まず「スタンドB席」にあたる待合席で順番を待っていただき、いよいよ自分の番が来たらカウンターの「アリーナS席」へ。その間に、肉を焼く音や香りといった五感での楽しみも存分に味わってほしいですね。店内で体験していただくすべてが、私の表現するラーメンそのものなんです。

磯部 拓也さん

1987年北海道生まれ。16歳で札幌のホテルを皮切りに料理の道へ。イタリアン「テルツィーナ」などで修業を重ね、「Risotteria.GAKU」で総料理長を務めた後、飲食コンサルティングを経て、2023年に「とくいち」を開業。

メニュー監修は、フレンチの石井誠シェフです。西洋料理の技法をどのように活かしていますか?

フレンチの技法がラーメンのスープづくりを支えています。スープの基本となる「コンソメ」では、火加減や温度を緻密に調整し、クリアで繊細なうまみを引き出すことを重視しています。「クラリフィエ」でスープを澄ませ、「デグラッセ」でローストした骨からうまみを抽出するなど、西洋料理の手法を随所に織り交ぜています。とはいえ、私たちが追求するのはあくまでも王道の塩ラーメンや醤油ラーメンです。石井シェフは、かつて叔父・叔母が経営していた「特一食堂」のラーメンを復活させたいという思いがあり、私はイタリアンで培った技術を生かして大好きなラーメンと向き合い、さらに世界をめざしたいと考えています。フレンチの技法を取り入れながらも、根本には日本のラーメンの伝統をしっかりと守る。私たちのラーメンは、王道でありながら、革新を追求した一杯なのです。

ラーメンのビジュアルにおいて泡や麺線の美しさを追求する理由は?

ラーメンは味だけでなく、視覚を含めた五感で楽しむ料理です。泡（エアー）はただの装飾ではなく、時間とともに風味を変化させる役割があります。昆布やキノコのだしに大豆レシチンを加えた泡が徐々に溶けていき、味わいや風味のグラデーションが楽しめます。また、麺線も決して見た目だけでなく、食感やスープとの絡みにも影響します。そのためにまず、テボざるで麺を下ゆでして余分なデンプン質を取り除き、その後、大鍋で麺を泳がせながらゆでて、平ざるで湯きりする。この2段階のプロセスを踏んでスープとの一体感を高めつつ、麺線を美しく揃えることができるのです。

札幌場外市場「万歳市場」のレトロな一角で朝9時から営業する。店内は木彫りのクマやアイヌのモチーフが並ぶ、ウッディなインテリア。広めのテーブルに札幌軟石のプレートを置き、有田焼の井でラーメンを提供する。

限定ラーメンを積極的に開発・発信していますが、
新メニューでもっとも大切にしていることは?

定番メニューは「王道」ですが、限定ラーメンで追求するのは「革新」です。かえしには液体味噌を起用したり、麺も各限定メニューに合わせてカスタムしたりと、先鋭的でありながら顧客満足度を高める試みを重ねてきました。限定では、具材や香味油やエアーなど、各パーツをメニューごとに一から開発します。「蝦夷鹿のジュ／仙年味噌／菊と胡椒」(p.114)では丼一面をシイタケだしのエアーが覆うというビジュアルで、チャーシューの代わりにエゾ鹿とシイタケのそぼろをトッピング。また、鴨ガラでスープをとった「ジュ・ド・カナール／菊芋／液体味噌」には鴨脂で焼いたネギや菊芋オイルに、ショウガの泡を合わせました。素材同士の相性を見極め、各要素を分解し、改めてそれらを組み立てるのが私たちの創作スタイルです。旬の素材を取り入れてお客さまに新しい食の体験・楽しさを提案しながら、私たちも素材を探求し続けていきます。

地元・北海道産の食材を追求する理由と、
具体的な取り組みを教えてください。

北海道産の食材を選ぶ理由は、単に「地元だから」ではなく、生産地ならではの安定した質と量が確保でき、さらに生産現場の情報が入りやすい。それらすべてがラーメンの完成度を高めるからです。旭川市の須藤製麺と共同開発した麺は、道産小麦「はるゆたか」や「はるきらり」を用いることで、独特の食感と風味が実現できたと自負しています。また、塩らぁ麺のかえしには、北海道南部・熊石町の塩を使っていますが、この塩は、石井シェフが感銘を受けて自店「Le Musée」でも使っているもので、ミネラル感や甘味、塩味のバランスが素晴らしい。一方、限定メニューでは、エゾ鹿など北海道らしい食材を取り入れて、当店にしか出せない新しい味づくりに挑戦しています。北海道産の食材を活用することで、ラーメンの個性と品質を引き出せると信じています。

小合沢 健さん

1969年長野県生まれ。大学進学を機に上京し、卒業後は上田市の企業に就職。その後、大阪へ赴任した際、関西や全国のラーメンを食べ歩く。独学で青竹打ちの製麺技術を磨き、2005年に1日50食限定の手打ち麺から営業をスタート。

上田市を走る上田電鉄別所線赤坂上駅から徒歩12分。のどかな里山の風景が広がるロケーション。実家が所有していた物件を改装した店舗は畳敷きの座敷とカウンターで全30席。全国からラーメンフリークが集まる。

Interview

拉麺酒房
熊人

メニュー解説
（ p.24、90、97、120 ほか ）

**自家製麺だけでなく自家製粉まで手がける店は
全国でも稀です。始めるきっかけは何でしょうか。**

創業当初は製粉会社から全粒粉や石臼挽きの粉を仕入れていましたが、どこか物足りなさを感じていました。製粉会社の小麦粉は見た目が綺麗ですが、保存性の問題から胚芽は取り去っています。私は、そこに小麦本来のうまみが隠れていると感じました。そばの麺がおいしいのは胚芽ごと挽いているからではないかというのが私の仮説です。そこで製粉機やふるい機を導入し、自家製粉をはじめました。そばどころ長野でそばに負けない麺をつくりたい。日本そばが自家製粉するなら、ラーメン屋もやるべきだと考えましたね。ラーメンの麺は歯ごたえや食感ばかりが重視されがちですが、やはり「おいしい味の麺」が基本。現在、「粗挽き麺」という、うまみがしっかりした麺を提供しています。

**ラーメンづくりのテーマに
「完全食」を掲げていますが、そのねらいは?**

完全食とは、健康維持に必要な栄養素を1食で摂取できる食品や料理のことです。母乳や卵、玄米などが代表例で、いわば「体が求めるもの」ですね。完全食をめざすことが「おいしい」ラーメンづくりの近道だと考えています。私は食品成分表を見ながら小麦や米の成分を調べ、加工段階で除去される成分を知りました。小麦粉であれば、製粉会社の小麦粉のように、胚芽を除いてしまうと完全食からは遠くなってしまう。前出の自家製粉の取り組みは、完全食をめざすアプローチの一つでもあるのです。米も自家製米し、糠は取り去りつつ、うまみにつながる胚芽を残しています。ラーメンを通じて、栄養とおいしさが両立する一杯を追求していければと思います。

**オリジナリティの光る商品
「ひしお醤油」について教えてください。**

当店では、松本市の大久保醸造店が手がける「甘露醤油」をか
えしに使っています。この醤油は驚異の四段仕込み醤油です。
醤油を醤油で仕込む作業をくり返してつくられ、非常に芳醇で
香り高く、うまみが凝縮されています。当店のラーメンに欠か
せない醤油ですが、私は大久保醸造店とのやり取りから、圧搾
後に残る「醤油粕（かす）」に注目しました。先ほど挙げたラー
メンづくりのテーマである完全食の発想から、粕にもうまみが
残っているのではと考え、醤油粕を再び醤油で戻して「醤油も
ろみ」を再現することにしたのです。製法としては、業務用の
出力の高いミキサーを導入し、粕を2日かけて醤油になじませ、
裏ごししてなめらかに仕上げています。こうして4年がかりで
研究を重ねて完成した「ひしお醤油」は、2023年からレギュラー
メニューに加わりました。醤油の香りとうまみが凝縮したスープ
で、唯一無二の一杯だと自負しています。

**フルーツを使ったラーメンや「デザートラーメン」など
どのように開発してきたのでしょうか。**

夏季のつけ麺、冬季のカレーラーメンなど、季節感を楽しめる
限定を提供してきました。その中で「ラーメンの枠を超えた一
杯」として開発したのが、フルーツを駆使したラーメンです。
これまで、スイカやパイナップル、イチゴ、リンゴ、ミカンな
どを使ったフルーツラーメンを開発してきました。ポイントは、
単にフルーツをスープに加えるのではなく、麺との一体感を重
視することです。麺とスープを媒介する「油」が重要で、生ク
リームや油脂でつなぐことでフルーツのスープと麺がなじみ、
完成度が高まります。また、冷やしても、もちもちとした食感
が保てるもち小麦の「もち姫」との出会いも大きかったですね。
もち姫を使うことで、冷製パフェスタイルのデザートラーメン
も開発しています。

小泉 裕太さん

1992年神奈川県生まれ。ラーメン店などのアルバイトで経験を積みつつ、独学で味を追求。2018年に20代で「らーめん 飛粋」を開業。「ソラノイロ」の家系ラーメン「革新家TOKYO」の味づくりも指導するなど、幅広く活躍している。

ラーメン激戦区、JR蒲田駅から徒歩3分。飲食店が立ち並ぶ一角に立地する。和食店を思わせる店構えで、家系ラーメンのイメージとは一線を画している。シックで清潔感のある店内には女性客も多く、常に行列が絶えない。

Interview

らーめん
飛粋

メニュー解説
(p.30、95、102、116 ほか)

飲食店が多く立ち並ぶ一角で創業しましたが、どのように差別化を図っていますか?

ラーメン激戦区の蒲田で創業するにあたり、他店との差別化を意識して内外装をフルリニューアルしました。以前は家系ラーメン店だった店舗ですが、そのイメージを払拭し、木の温もりを前面に出した落ち着いた店構えにしています。初めて訪れたお客さまが「ここがラーメン店?」と驚くような雰囲気を作り出すためです。ラーメンという枠にとらわれず、幅広い方々が足を運びやすい空間にしたいとの思いがありました。

味づくりに関しても、自分の好みを突き詰めるのではなく、幅広い客層に支持される味をめざしました。頼りにしたのは、自分の父や祖母、そして「ラーメン通」ではない一般のラーメン好きの友人たちです。試食をしてもらい、気取らない率直な感想をもとに、ひと口めで「おいしい!」と感じてもらえる一杯に近づけていきました。今では、カウンター8席の半分に女性のお客さまが並ぶ光景も珍しくありません。激戦区の蒲田で「誰もが楽しめるラーメン」が受け入れられていることが本当に嬉しく、手ごたえを感じます。ラーメンは、どなたでも気軽に楽しめる一杯でありたい——その思いが、結果的に他店との差別化につながっているのだと思います。

「ネオ家系」とも評される味づくりですが、家系ラーメンの特徴をどう意識し、どこに独自性を出しているのでしょうか?

開業前は家系のお店で働いていましたが、今のラーメンづくりにそのときの技術や知識はほぼ使っていないので、「家系ラーメン」とは打ち出していません。今も手探りの状態で、他のラーメン店の方々と情報を共有しながら、少しずつブラッシュアップしています。家系ラーメンは自分もすごく好きで、友人たち

と連れ立って、よく食べに行っていました。ただ、そのような利用スタイルが主流で「男飯（おとこめし）」というイメージが強いとも感じ、そこを覆していきたいと考えています。自分のラーメンは女性でも食べやすいように、香りやスープの当たりをまろやかにするよう意識してつくっています。

また、知識や修業経験にとらわれない新しい視点を大切にしています。たとえば、「支那そばや」創業者の佐野実さんの製法を映像で見てその思想からヒントを得たり、日本そば店の手法を取り入れてかえしの製法を改善したり、ラーメンに限らずさまざまな料理からエッセンスを学んできました。家系やラーメンに限らず、オールジャンルに観察眼を発揮して学ぶ姿勢を持ち続けていければと思います。

**1日目は鶏、2日目は豚と、2日かけて仕込むスープは、
どのような味の特徴や深みに仕上がるのでしょうか？**

家系ラーメンには、提供する時間帯や仕込み担当者によって味が変わるという特徴があり、その味の変化を楽しみにするお客さまからも支持を得ています。私もその「変化する魅力」に惹かれて家系ラーメンを好んできましたが、創業するにあたっては、「ブレることなく、いつでも同じ味を提供していく」というモットーを掲げ、味の安定性を追求しようと決めました。そうして行き着いたのが2日をかけてスープを完成させ、「1日目スープ／2日目スープ」に分けて仕込んでいくという製法です。鶏と豚はうまみが出る時間が異なるため、それぞれの素材を煮出すタイミングも考え抜く必要がありました。持ち味を最大限に引き出すため、1日目の寸胴には鶏ガラと豚背ガラを加えて強火で炊き、続いて豚ゲンコツと野菜を投入してさらに煮込んでいます。そして、営業中は2日目のスープを主体にしつつ、1日目のスープを追い足すことで、時間帯が違っても安定した味を提供できるようにしています。

福原 康一さん

大阪生まれ。ラーメンマニアとして食べ歩きを重ねていたが、会社員から転身。東京「麺屋 一燈」で3年半の修業を積み、2017年に地元の大阪・今里で開業。19年には2号店をオープンし、現在はグループで5店舗を展開。

Interview

麺や
福はら

メニュー解説
（p.36、79、116 ほか）

**東京の名店での修業後、地元で独立開業。
そのスキルや経験は、どのように生きていますか？**

当店の基本メニューは、「一燈」創業当初の鶏清湯の塩と醤油、そして濃厚鶏白湯魚介の3本柱です。「東京で培った技術を地元に持ち帰りたい」という思いで、修行先で学んだ味をベースにしつつ、チャーシューに吊るし焼きや煮豚などのバラエティを加えることで、独自のアレンジを展開してきました。関西では昔から鶏白湯が好まれる文化がありますが、無化調ラーメンがどれだけ支持されるかは挑戦でした。最終的には、東京の技術、大阪のラーメン文化、そして私自身の創意をミックスさせ、現在の味が完成できたと考えています。

**食材は関西産のものを多く採用しています。
具体的な取り組みについて教えてください。**

前提にあるのは、関西の食材の素晴らしさを伝えたいという思いです。スープには奈良の特産地鶏「大和肉鶏」を使用しており、そのふくよかな味わいと鶏らしい香りが特徴です。九条ネギの先祖とされる難波葱を使い、野菜などのトッピングもできる限り近県のものを仕入れています。自家製麺に使用する小麦粉を探すのは大変でしたが、足を使って奈良、京都、兵庫産の粉を探し出しました。小麦粉やその他の食材に関して、他では使われていないものを発掘するのが職人としての醍醐味です。私たちが見つけた食材が他店でも取り入れられるようになり、生産者の皆さんにも喜んでいただいています。生産者、ラーメン職人、消費者をつなぐ持続可能なモデルを発展させていきたいと考えています。

大阪市東成区の静かな住宅街に位置し、近鉄大阪線・奈良線の今里駅から徒歩4分。福原店主が「ラーメン屋らしくない」内外観をめざしたという店内にはダークウッドのカウンターが伸び、落ち着きと清潔感がある。

本店は「1000円の壁」を超えたメニューがありますが、顧客の反応やバリューを、どのように考えていますか?

オープン当初は780円でしたが、食材や光熱費の高騰に伴い、2025年1月現在は1200円に設定しています。価格設定には迷いもありましたし、客足に影響を感じることはあります。ただ、人口減少や業界の動向を考えると、この先もずっと1日100食を安定して売り続けていくのは容易ではありません。私たちは杯数が減っても、適正な価格で高品質なラーメンを提供し、利益を確保する道を選びました。また、全店舗で一律に高価格化しているわけではなく、グループ内には1000円以下でお腹いっぱい食べられるつけ麺レーベルもあります。ブランドごとの棲み分けも意識しています。

本店は大阪の今里という住宅街にあり、通りすがりのお客さんではなく、目的を持って訪れる方がほとんどです。トッピングやご飯ものをつける方も多く、客単価は1500円以上。自分へのご褒美やちょっとした贅沢としてバリューを提供できています。「1000円の壁」を超えて、客数こそ減ったのですが、前年対比の売上はほぼ変わっていません。高単価でも、しっかりしたクオリティを供することが顧客に評価されていると感じます。

創業から7年で5店を構えています。スピード展開で拡大してきたねらいは?

グループ5店はそれぞれ異なる味づくりで、ガッツリ系、煮干しラーメン&つけ麺、豚骨醤油などを展開してきました。私が創意を発揮する場でもありますが、その一方で社員が安心して働ける環境づくりも意識しています。長く働くスタッフが昇進し、給料を上げるためには、店長などの役職が必要ですが、1店舗では限界があります。そのため、スタッフがマネージャーとして活躍できる場を提供するために、店舗を増やしてきました。単に拡大をめざすのではなく、社員が次のステップに進める環境を整えることが重要です。その結果、着実に店舗展開を進めていきたいですね。

實藤 健太さん

1982年生まれ。独学で研究を重ね、2011年に大阪で創業。貝だしスープや低温調理チャーシューを取り入れ、関西の気鋭店として注目を集める。22年に第2章となる「イ袋ワシづかみ」を開業した。

─── *Interview* ───

唯一無二の
らぁ麺専門店
イ袋ワシづかみ

メニュー解説
（ p.42、98、106、118 ほか ）

**「イ袋ワシづかみ」は前店を閉店後の新たな挑戦です。
メインのスープに煮干し系を選んだねらいは?**

前店舗「フスマにかけろ 中崎壱丁 中崎商店會1-6-18号ラーメン」時代は貝やエビのだしを開発し、レアチャーシューを取り入れた「ニューウェーブ系」のラーメンを創作してきましたが、ここでは「昔ながらの中華そば」のような、どこか懐かしさを感じながらも長く愛される一杯をつくりたいと考えました。具体的には、東北の中華そばをイメージしつつ、鶏ではなく豚の清湯を主軸にしたスープで。食べやすいけど、実はパンチもある醤油ラーメンに仕上げています。ただし、「昔ながらの中華そば」といっても古い味の再現ではなく、製造工程に現代的な感覚や技法を取り入れ、煮干しペーストやしょっつるを使ったかえしなど、各パーツにもこだわりを込めています。ポイントは「煮干しの風味をしっかり効かせる」こと。関西では煮干しを強調した清湯ラーメンはまだ少ないので、煮干しのうまみを存分に活かした一杯を追求するのは意義あることだと感じています。僕がめざすのは、ひと口でその存在感を感じられるようなラーメンですが、その鍵を握るのは香味油です。豚の清湯と和だし（昆布、煮干し、干しシイタケ、かつお節など）を合わせたダブルスープに、ラードを熱して煮干しの香りを移した煮干し油を浮かべる。これにより、飲んだ瞬間に「煮干しだ!」とわかるような強い存在感を出しています。

**オリジナリティのある「煮干しペースト」は、
どのような発想で生まれたのでしょうか?**

魚粉を乗せて魚介の香りをブーストする方法は一般的です。しかし、それだけでは面白みがない。そこで考えたのが、カタクチイワシとウルメイワシの魚粉をブレンドし、オリーブオイル

大阪メトロ谷町線の四天王寺前夕陽ケ丘駅から徒歩6分。大阪府の中心にありながら、静かな住宅街の一角に立地。金曜・土曜・日曜の夜は『裏胃袋鷲掴』ブランドとして、豚骨清湯ラーメンのみを提供している。

で合わせた「煮干しペースト」です。カタクチイワシは煮干しらしい香りと風味が強い。一方、ウルメイワシは独特の香ばしさがあり、関西の食べ手にも合うと考えて加えました。

僕は、ラーメンをつくるときには、味の構成を3段階で考えています。まず、スープが熱々のときのひと口目。この段階ではペーストを混ぜずに、豚骨白湯と煮干しのキレのある味わいをそのまま楽しんでもらいます。スープの温度がやや下がってくる中盤でペーストを加え、煮干しの風味を強めて飽きがこない味わいに。そして最後、スープを飲み干すときは混ざったペーストがしっかりとした余韻を与えてくれます。植物性のオリーブオイルを使うことで、冷めても固まらず、冷やしラーメンなどにも使えます。醤油ラーメンならしっかりと塊になるようにのせたり、まぜそばならゆるめのペーストにして溶けやすくするなど、メニューによって使い方も変えています。

煮干しの価格高騰が続く中、味や品質を保つために、どのような工夫をされていますか?

研究段階では十数種類の煮干しを取り寄せて試行錯誤し、開業当初は6種類の煮干しで和だしの味を構成していました。しかし、最近は煮干しの価格が高騰……そこで、質よりも量でうまみを引き出す方向に切り替えました。現在は瀬戸内産のカタクチイワシ1種類に絞り、煮干しの香りとうまみをスープにしっかりと乗せるように工夫しています。かえしとスープのバランスも見直し、煮干しの風味が活きるよう、醤油のキレを際立たせるアレンジに。さらに、煮干し油をつくる際に使用した煮干しは、限定ラーメンの素材として再利用するなど、無駄なく使いきる工夫もしています。これからも食材の価格高騰は避けられないでしょうが、その都度アレンジや微調整を加え、最適な味を追求していきたいと考えています。

土屋 一平さん

1982年東京都生まれ。不動産会社で勤務していたが、ラーメン好きがやまずに27歳でラーメン業界へ。家系や鮮魚系など3店のラーメン店で腕を磨き、2017年4月に地元の三鷹市で貝だしラーメンを主軸に据えて開業する。

メニュー解説
（ p.48、82、119 ほか ）

Interview

ラーメン
健やか

地元で開業するにあたって、どのように準備を進め、どんな点に苦労しましたか?

東京西部の三鷹市で生まれ育ち、地元で自分の好きなラーメンを提供することに強い思い入れがありました。理想の物件が見つかるまで2年を費やしています。27歳で不動産営業マンを辞めてから、家系ラーメン店、「いつ樹」の海老つけ麺専門店「五ノ神製作所」、激辛ラーメンの店で修業しました。その店では毎月、従業員が新作ラーメンのコンペを行ない、醤油やだしなどの素材費も会社が負担してくれる環境でした。現在では関東各地で人気店を展開する気鋭のメンバーと切磋琢磨し、試作やレポート作成を通して、味づくりに真剣に向き合えた時間は得難いものでした。2017年に開業を決意した当時、三鷹は最新のラーメン店が少なく、「現代ラーメン不毛地帯」とも言える状況。僕は「飯田商店」や「蔦」といった革新を起こす店に通い、その発想に衝撃を受け、地元でインパクトのあるつけ麺やラーメンを提供したいと強く感じました。

創業当初から自家製麺に取り組んでいますが、製法などはどのように進化していますか?

製麺は独学でしたが、開業前に交流のあった店主から教えを受け、基盤ができました。製麺のポイントは、何よりも温度と湿度です。小麦粉は季節ごとに温度管理を徹底。夏は冷凍または冷蔵保存、冬は常温にするなどの管理で、製麺機に入れる際の粉と水・かん水の温度が10℃になるようにしています。これにより、麺肌のなめらかさが際立つのです。とくに、粉の温度を測ってマネジメントするようになってから麺の質は驚くほど安定しています。微妙に10℃を超える場合は水や粉で調整するなど、1℃、1gの違いを追求していく姿勢が、製麺の仕上がりを大きく左右します。こうした小さな積み重ねが、日々の味の安定を支えていると思います。

JR中央線三鷹駅から徒歩7分の立地。有力店がしのぎを削るエリアで切磋琢磨し、貝出汁と自慢の麺を進化させてきた。定休日の月曜には二毛作ブランド「裏健やか」を掲げ、2025年に「麺亭 英（はなぶさ）」を開業する。

つけ麺の盛り付けのこだわりや、
麺について取り組んでみたいことを教えてください。

つけ麺の盛り付けスタイルである"ぐるっと回して盛る"ローリング式は、業界でも僕が早期に取り入れた方法だと自負しています。「五ノ神製作所」で1日800杯以上のつけ麺をつくっていた頃、飽きがこないよう工夫する中でこのスタイルを思いつき、創業後もさらに洗練させてきました。なめらかな麺肌を活かすために、見た目にもこだわりながら、つけ麺が引き立つよう盛り付けています。現在は1種類の麺で多様なメニューに対応していますが、将来的には、塩ラーメンと醤油ラーメンにそれぞれ異なる食感を持たせるなど、メニューごとに最適な麺をつくりたいと考えています。理想の環境が整えば、さらに改良に挑み、独自の麺作りを追求したいですね。

現在の店舗運営と、
今後の展望についてお聞かせください。

三鷹には今や「麺屋さくら井」をはじめとする有力なラーメン店が次々に誕生し、店主同士も交流しながら、三鷹のラーメン文化を盛り上げていく志を共有しています。僕はどちらかというと"経営者"というより"ラーメン職人"志向で、店舗展開よりも、自分だけの味を突き詰めていきたい気持ちが強いですね。麺のレシピは開業以来変えていませんが、スープは進化を続けています。創業時はホンビノス貝を使った醤油ラーメンがメインでしたが、現在は昆布水つけ麺や塩ラーメンを中心に、醤油と煮干しスープも改良を重ねています。
今はスタッフのワークライフバランスも大切に考え、1日8時間労働・週2日休みを基本に、僕自身も時間を大切にしながら、チーム全員で一体感を持って店を運営しています。将来的には、2号店や新ブランドではなく、"麺からスープまですべてを自分ひとりで手がける店"を開業してみたいと考えています。

伊堂寺 まいさん

1993年茨城県生まれ。高校卒業後、アルバイトで勤務していたドーナツチェーンに就職し、店長を務める。つくば市の人気店「鬼者語」に師事し、修業7か月で独立を果たした。2024年11月には2号店「Idouji 我孫子店」を開業。

茅堂寺
～いどうじ～

メニュー解説
（ p.54、95、117 ほか ）

**独立の際、鶏白湯ラーメンを主軸に選んだ理由や、
その選択に込めた思いを聞かせてください。**

茨城県には濃厚な鶏白湯ラーメンの店が多く、私自身も鶏白湯の風味が好きだったため、看板メニュー「深み鶏」を開発しました。開発のポイントは、土浦市「特級鶏蕎麦龍介」店主の浅野明仁さんに紹介いただいた「大山どり」。リッチな香りとうまみが秀逸です。現在はさらに、濃厚なうまみを重ねるため「天草大王」を使用して力強いスープを構成しています。かえしに使っている白醤油は、鶏のうまみを引き立てるほのかな甘さと、しっかりした"だし感"が特長です。濃厚さだけでなく軽やかさもあるため、女性客からの支持も得やすいと感じます。一般的に鶏白湯は、短時間に強火で炊いてうまみを引き出しますが、当店では炊き上げたスープをいったん漉して粗熱をとり、さらに冷凍して1日ねかせます。冷凍の手間と時間はかかりますが、この工程がスープに深みを出すと考えています。

**スープと麺はCK製造で効率化を図っています。
味のクオリティをどのように保っているのですか？**

創業当初から3年間、自分で鶏白湯を炊き続けてきました。強火でガンガンに炊いて骨を粉砕するのが好きだったんです（笑）。その経験があるからこそ、スープの理想の完成像が頭の中にはっきりあります。毎朝、配送されるスープを解凍し、まずは粘度や香りをチェックし、かえしや香味油とのバランスを見ながら最終の仕上げを行ないます。昼営業が終わると、その日のスープの状態に合わせて配合を少しずつ変え、味にブレが出ないよう調整しています。たとえば、シャバシャバした質感が気になるときは、濃厚に出ているだしの割合を増やすなど、細かい調整も欠かせません。セントラルキッチンでつくられたスープを使いながらも、当初からの感覚を頼りに最終の味を自分で決めることが、この一杯の品質を支えていると思っています。

つくばエクスプレスつくば駅から車で5分。スタッフは女性を中心に、レモン水や緑茶など常時3種類の飲み物を無料提供。間接照明で内装はスタイリッシュだが、オープンキッチンで親しみやすい雰囲気をつくっている。

**常時7種類ほどラインナップする「和え玉」は
どのようなねらいや効果があるか教えてください。**

和え玉は、ラーメンを食べ終えた後に頼む「替え玉」に香味油
や薬味を和えたものです。ラーメンのスープにそのまま入れて
も、つけ麺のように別で楽しんでも、もちろんそのままでも召
し上がっていただけます。実は、この和え玉スタイルも茨城県
発祥なんです。当店でもいくつかの和え玉をご用意しています
が、オーソドックスな「煮干し油」和え玉のほか、カキやあん
肝、トマトやバジルを使った和え玉も開発しています。これは
「ソース」と銘打っているように、味わいや盛り付けもパスタ
をイメージした仕上がりです。お客さまが注文したラーメンの
スープとの組み合わせで味のバリエーションが広がるので、リ
ピートにつながる人気メニューになっています。和え玉はソー
スと和えるだけなのでオペレーションも複雑にならず、客単価
の向上につながる追加メニューとして、当店でも重きを置いて
います。

**旬を感じる限定ラーメンも特徴的です。
メニュー開発で意識していることを教えてください。**

限定ラーメンも常時6〜7種類ほどラインナップしていて、お
客さまに「選ぶ楽しみ」を提供できていると感じます。鶏中華
や豚骨醤油など、定番に近いものもありますが、旬の魚介を使っ
た限定ラーメンも多いですね。土浦の魚市場に足を運び、その
日に目に留まった鮮魚を仕入れ、スープに、そして具材にも活
用します。魚介の持ち味を生かすため、調理はあえてシンプル
にし、アイドルタイムにワンオペでも提供できるレシピを考え
ています。

高橋 宏幸さん

1980年青森県生まれ。高校卒業後に上京し、恵比寿の「九十九らーめん」で17年間にわたり勤務。店長やメニュー開発を担当し、研鑽を積んだ。2016年に独立して大井町に「中華そば 大井町 和渦」を開業。19年には北品川に移転し、自家製麺もスタート。現在は都内に5店舗を展開。

京浜急行蒲田駅から徒歩5分の立地にある。和渦グループの店舗「メイドインヘブン」がリニューアルし、2023年6月に開業した。8席のみの小規模な店内だが、製麺設備は充実。現在は3種類の麺に絞って提供し、味を改良し続けている。

Interview

和渦製麺

メニュー解説
（ p.62、103、119 ほか ）

**2台の製麺機を備える理由と
それぞれの使い分けについて教えてください。**

製麺機はローラー式とプレス式の2種類を使い分けています。ローラー式は加水率が40％程度までの麺生地に適しており、麺生地をローラーに巻きつけながら圧延することで、しっかりとした食感の麺が仕上がります。一方、プレス式は加水率50％以上の多加水生地にも対応でき、足踏みのように生地を鍛えるため、多加水の手打ち麺のような食感を再現するのに適しています。「和渦製麺」はオープン当初は麺の4種盛りで、それぞれの製麺機でつくった2種類ずつの麺を組み合わせました。その後、麺の見直しを重ねて3種類に絞って提供しています。自家製麺は本店が移転した2019年を機にスタートしています。私は「中華そば屋たるもの、自家製麺でなければ」という思いが強くあります。独学で創り上げた麺に合わせて、スープやかえしも一から見直しました。自家製麺にこだわることで、味わいの完成度がさらに高まったと感じています。

**使用する小麦にもこだわりを感じます。
人気の「もち姫」はどのような特性を麺に生かしていますか?**

少しずつブラッシュアップを重ねてきた自家製麺ですが、2号店「MENクライ」で、もち小麦に出合ったことでさらに進化しました。現在は、系列全店でもち小麦を使っています。ラーメン用の細麺は、もち小麦をブレンドすることで、もちもちとした食感とつるっとしたのど越しが強く出ます。一方、もち小麦100％使用のワンタンの皮は、ふわっとしたやわらかさととろけるような口あたりに仕上がります。もち小麦の中でも「もち姫」という粉を愛用していますが、これは非常に個性的な粉

だと感じています。もち姫は、独特の「餅」のような面白い食感を持つ一方で、小麦自体の香りが弱く、粉同士の結びつきもやや弱いため、麺が切れやすくなり細麺には向きません。そこで、焙煎小麦をブレンドして、強い小麦の香りを加えました。これにより、「もち姫の食感を持ちながらも小麦の風味が強い麺」を完成させています。また、ゆでる直前に手もみすることで、ランダムな食感が生まれるよう工夫しています。さらに、幅広のひもかわ麺では、面積が広いためつけ汁がしっかり絡み、ユニークな食べ心地を楽しんでいただけると思います。

グループで5店舗を展開しています。
店舗展開で心がけていることは?

ラーメン店を運営する中で、味のリニューアルは定期的に行なっています。また、造作やメニューを大幅に見直す「フルリニューアル」も積極的に取り組んでいます。たとえば、8番目のブランドとなる神保町の「中華そばYOSHIファイナル」では、2024年11月に3度目のフルリニューアルを行ない、低価格帯（700円台）の「中華そば」や、鉄板で提供する「炒麺」など、独自の新メニューを開発しました。今後も新しい形態での店舗展開を視野に入れています。私たちがとくに大切にしているのは、店舗ごとに「手づくりの味」を提供することです。店舗数が増えれば既製品に頼って効率化を図る選択肢もありますが、私は修業時代の経験から「料理の効率化が進むと、作業に陥りがちになる」と感じています。ラーメンづくりには、ただの「作業」ではなく、直焚きのスープや手づくりのチャーシューなど、手間をかけることでしか生まれない「手触り感」が重要だと考えています。店舗展開を進めるにあたっても、このような「手づくりの味」や「オリジナリティ」にこだわり続けることで、自分たちならではのラーメンを追求していければと思っています。

水原 裕満さん

1985年神奈川県生まれ。高校卒業後は
バンド活動を経て、靴職人の専門学校で
学ぶ。その後、「鳥貴族」の店長やラー
メン店で飲食業の経験を積み、2013年
に上北沢で開業。「小池グループ」とし
て現在8店舗を展開する。

— Interview —

あいだや

メニュー解説
（ p.72、104、122 ほか ）

グループでは2店目のつけ麺専門店です。
自家製麺の差別化でめざしていることは?

グループで自家製麺を始めたのは、サードブランド「キング製
麺」からです。ブランド小麦粉に頼らず、ブレンドを研究し、
自分たちらしい麺づくりに力を注いできました。
「あいだや」では、4種類から選べるつけ汁に合わせ、冷や盛
りと釜揚げの2種を打ち出しています。私自身も、うどん手打
ち塾で国産小麦を打ち比べ、弾力感とコシを意識して小麦の特
性を追求してきました。ブレンドした小麦粉の特徴を活かすた
め、ミキシングにも工夫を凝らし、水分が均一に浸透するよう
にしています。安定して麺を打つため、熟成をあえて省き、ブ
レを防ぐことに注力しています。国内外の小麦粉を使い、とく
に1等粉を用いて、小麦の芯の部分を活かし、理想の噛みごた
えと食感を実現しました。

人気メニュー「黒毛和牛サーロインご飯」など、
SNS映えや拡散でも話題を集めています。

席数は9席と少ないですが、広いカウンターを活かして提供し
ているのが「黒毛和牛サーロインご飯」です。注文が入ると、
まず牛肉の産地を説明し、木箱入りの和牛肉をお客さまに見せ
た後、目の前でていねいにすき焼きに仕上げます。焼肉のもみ
だれから着想を得たたれに卵とライスを組み合わせて提供。
900円という価格では利益はほとんど出ませんが、顧客満足度
を高め、インバウンド客を含む多くの方にSNSで拡散してい
ただくことで、プロモーションとブランディングに繋がってい
ます。また、「豚骨魚介」「にんにく醤油」「海老」「担担」という
4種類のつけ汁から2種を選べる基本メニューも、エンターテ
インメント性を意識しており、好評を得ています。

JR山手線御徒町駅から徒歩2分という
好立地。庶民的なアーケードビルに並ぶ
小さな店の「あいだ」に位置することが
店名の由来。カウンターには充分な奥行
きがあるため、すき焼きのようなライブ
感のある調理を提供できる。

**CKで合理化を進めていますが、
仕込みの効率化はどれくらい進んでいますか?**

スープは、系列店の「こいけのいえけい」や「あいだや」と同じレシピをベースにしていますが、そこに芝麻醬やラー油、魚粉、卓上の花椒などを加えて各店のオリジナリティを出し、調味料のバリエーションで味の変化を楽しめるようにしています。スープづくりはセントラルキッチンで一括製造し、大型ミキサーを使って乳化させ、電動漉し機やチラーで作業効率を上げています。ただ、どんなに機械を使っても、実際の作業は昔ながらの手作業に近い部分も多いんです。たとえば、ジャンボサイズのワンタンは、一つひとつ手包みで仕上げる必要があります。自動化できないこうした手間が、最終的にはお客さまの満足度に直結すると考えています。私は、「鳥貴族」グループで学んだ経験から、「必要不可欠な非効率」の価値を知っています。串打ちやカットのように、手間のかかる作業が料理の質を左右するのです。あいだやでもスープをていねいに漉す工程を重視し、つけ汁の口あたりをさらになめらかに仕上げています。

**2024年9月に8店舗目の「伊之瀬」(新宿)を出店。
順調な展開を支えているものは何でしょうか。**

店舗展開でもっとも重視しているのは、労働環境の整備です。弊社では、スタッフの8割以上が正社員で、これは業界内でも高い比率になっています。各店舗ではオープンからラストまで基本的に社員3人体制を維持。アルバイトに頼らず、社員を中心にした体制を取ることで安定したオペレーションを突き詰めてきました。業界水準を上回る給与と月8日以上の休みを確保しており、スタッフのワークバランスも考えています。有望な人材と出会ったら、定員に達していても採用することがあります。余裕を持って働くマンパワーが新規出店を支える力になっているのです。

ラーメン店の魅せる技術
進化する味づくりとスタイル

初版印刷　2025年3月5日
初版発行　2025年3月20日

著者Ⓒ　柴田書店
発行者　丸山兼一
発行所　株式会社柴田書店
　　　　東京都文京区湯島3-26-9　イヤサカビル
　　　　電話　営業部　　　　03-5816-8282（注文・問合せ）
　　　　　　　書籍編集部　03-5816-8260
　　　　URL　https://shibatashoten.co.jp/
印刷・製本　シナノ書籍印刷株式会社

ISBN:978-4-388-06387-1
Printed in Japan
ⒸShibatashoten 2025